Das bedingungslose Grundeinkommen

Pathologie und Wirkung einer sozialen Bewegung

Johannes Mosmann

Institut für soziale Dreigliederung

1. Auflage

Institut für soziale Dreigliederung, Berlin 2019

Kapitel 1-4 dieses Titels sind erstmals als gleichnamige Artikelserie in den Ausgaben 2 - 7 / 2018 der Kulturzeitschrift »Die Drei« erschienen und wurden für die Buchausgabe überarbeitet

Layout: Markus Mosmann
Titelbild: Collage aus zwei Fotografien von Flurin Bertschingher, aufgenommen am 30.04.16 in Zürich. Titel: Demonstration BGE. Quellen: https://flic.kr/p/GHMxrC, https://flic.kr/p/FNT6cB.

Druck und Bindung: CPI - buchbücher.de, Birkach

ISBN 978-3-945523-12-4
www.dreigliederung.de

Inhaltsverzeichnis

Vorwort

Verhältnisse, durch die der Mensch genötigt ist, Motiv, Inhalt und Umfang seiner Arbeit an einem »Preis« zu orientieren, den er für seine Arbeit auf einem »Arbeitsmarkt« erzielen kann, bringen ihn unter seine Menschenwürde herunter. Die Aussicht auf Einkommen, bzw. die schiere Überlebensangst definieren dann nämlich, wie er sich in die Gesellschaft eingliedert. Indem sie die Arbeit mittels Einkommen erpresst, beraubt sich die Gesellschaft des Zuflusses wirklich motivierter, sinnvoller Arbeit. Diejenigen Werte, die ein Mensch aufgrund seiner individuellen Fähigkeiten in Freiheit hervorbringen würde, werden der Gemeinschaft entzogen. Daraus folgt: Ein Einkommen erzielen und für die Gemeinschaft arbeiten – das müssen zwei vollkommen getrennte Vorgänge sein.

Diese und ähnliche Ideale leben in jenen Menschen, die sich in der Bewegung für ein bedingungsloses Grundeinkommen engagieren oder sich zu ihr hingezogen fühlen. Sie sind der Überzeugung, dass die Einführung eines bedingungslosen Grundeinkommens einer Verwirklichung solcher Ideale gleichkäme oder zumindest zu ihr beitrüge. Viele von ihnen stammen aus dem Umfeld christlicher oder esoterischer Strömungen. Einige der bedeutendsten Vertreter und ökonomisch stärksten Förderer der Bewegung im deutschsprachigen Raum bekennen sich zur Anthroposophie. Sämtliche großen anthroposophischen Institutionen – wie z.B. die Anthroposophische Gesellschaft in Deutschland, der Bund der Freien Waldorfschulen oder die GLS-Bank – haben erst kürzlich eine Kampagne zur Einführung des bedingungslosen Grundeinkommens unterzeichnet.[1] In der Gesellschaft findet die Idee immer breitere Zustimmung, und in den meisten Parteien gibt es mittlerweile auch Befürworter. Tatsächlich würde aber die Einführung eines bedingungslosen Grundeinkommens die oben angeführten Ideale in unerreichbare Ferne rücken und das System der Erwerbsarbeit zementieren – wie hier zu zeigen sein wird. Es ist daher nicht ganz zufällig, dass die Ursprünge der Bewegung im Neoliberalismus liegen, und sie in den USA ihre bedeutendsten Unterstützer unter den Technokraten und Risikokapital-Gebern des Silicon Valley findet – so etwa in Marc Zuckerberg (Facebook), Jeff Bezos (Amazon), Elon Musk (PayPal, Tesla, Space X) oder Sam Altman (Y Combinator).

Die guten Absichten der meisten Mitstreiter der Bewegung werden hier nicht bezweifelt. Behandelt wird vielmehr die Frage, welche Kräfte hinter der Bewegung stehen, aus welchen Vorstellungsmustern sie sich speist und insbesondere, welche Wirkung sie *als Bewegung* auf das soziale Leben ausübt. Dabei wird deutlich werden, weshalb ein bedingungsloses Grundeinkommen zwar unmöglich, das Streben danach jedoch von unschätzbarem Wert für die herrschenden Mächte ist, um genau die Verhältnisse zu stabilisieren, welche die Grundeinkommensbewegung eigentlich überwinden möchte. Die Ideale der Bewegung mögen zeitgemäß sein, die Vorstellungsmuster dagegen, mit denen sie sich im Zuge ihrer vermeintlichen Realisierung verbindet, sind ihrerseits Produkte der überkommenen Verhältnisse.

Dieser Arbeit vorausgegangen ist ein langjähriger Dialog mit Anhängern der Bewegung. An den dabei gemachten Erfahrungen orientieren sich Aufbau und innerer Zusammenhang der Schrift. Gleichwohl können die einzelnen Facetten des schillernden Begriffs eines »bedingungs-

1. Vgl. »Soziale Zukunft jetzt! Aufruf zur Transformation von Wirtschaft und Gesellschaft« – weact.campact.de/p/sozialeZukunftjetzt

losen Grundeinkommens« nur *nacheinander* behandelt werden. Das bringt mit sich, dass die hier vorgebrachten Argumente zu Beginn, eben weil sie sich jeweils auf einzelne Facetten beziehen, Gegenargumente provozieren, die auf *andere* Facetten der Idee verweisen. Beispielsweise wird an einer Stelle gezeigt, warum Arbeit nicht definiert werden kann als »Tätigkeit, die einem selbst sinnvoll erscheint«, sondern durch die Bedürfnisse der Mitmenschen bestimmt wird. Das lädt selbstverständlich zu folgender Entgegnung ein: »Bei einem bedingungslosen Grundeinkommen werden die meisten Menschen ihre Arbeit weiterhin an den Bedürfnissen ihrer Mitmenschen orientieren wollen und gerade darin den Sinn der Arbeit erleben.« Hier wird im weiteren Verlauf allerdings gezeigt, warum es bei einem bedingungslosen Grundeinkommen grundsätzlich *niemandem* mehr *möglich* ist, sich so an den Bedürfnissen seiner Mitmenschen zu orientieren, wie es gegenwärtig nötig ist – und zwar nicht, weil der Wille fehlt, sondern weil die Auszahlung eines bedingungslosen Grundeinkommens gewisse Effekte auf das Verhältnis zwischen Produktion und Konsum hat, die eine soziale Orientierung der Arbeit unmöglich machen.

Nur weil nicht alles in einem Satz gesagt werden kann, könnte der Eindruck entstehen, einzelne Darstellungen in dieser Schrift seien »einseitig«. Nach und nach werden jedoch alle wesentlichen Aspekte betrachtet, wobei die jeweils möglichen Gegenargumente den Leitfaden für die darauffolgenden Erörterungen geben. Was hier im Kern gegen die Idee eines bedingungslosen Grundeinkommens vorgebracht wird, kann letztendlich nur beurteilen, wer alle Aspekte berücksichtigt und ihren inneren Zusammenhang verfolgt.

Ideal und Wirklichkeit

Ein Motiv der Grundeinkommensbewegung ist die »Freiheit« und damit zusammenhängend das Gefühl einer »Abhängigkeit«, aus der man sich befreien will. Dieses Gefühl hat, wie jedes Gefühl, seine Berechtigung selbstverständlich in sich selbst, und dennoch hat es nicht in jeder Hinsicht einen Sinn. Zum Beispiel ist das Leben des Menschen abhängig davon, dass er seinem Körper Nahrung zuführt. Sich gegen diese Abhängigkeit aufzulehnen, kann zwar seine berechtigte Grundlage im Seelenleben haben, führt aber zum Tod. Man muss also den Begriff der Freiheit erst in die konkreten Lebenszusammenhänge stellen, um herauszufinden, wo er einen realen Inhalt hat, d.h. welche Abhängigkeiten überhaupt überwunden werden können.

So wie der Mensch der Nahrung bedarf, um zu leben, und so wie er in dieser Hinsicht von der Natur abhängig ist, so bedarf es, um die Nahrung bereitzustellen, der menschlichen Arbeit, und so ist er in dieser Hinsicht von der Arbeit abhängig. Das Getreide, der Bau von Gebäuden, die Konstruktion von Maschinen – was unseren Leib erhält, jede Ware, die wir konsumieren, beruht auf menschlicher Arbeit. Fürsprecher eines Grundeinkommens halten dagegen, Maschinen würden uns diese Arbeit abnehmen: »Wir werden nur noch das zu tun haben, was Maschinen für uns nicht übernehmen können. Und das sind gerade alle unberechenbaren, kreativen und kurativen Tätigkeiten, für die Freiwilligkeit die beste Voraussetzung guter Leistung darstellt« meint z.B. Philip Kovce, Anthroposoph und Grundeinkommens-Aktivist.[1] Doch verhält es sich wirklich so?

1. Philip Kovce: Gerecht nur als Grundrecht – www.neues-deutschland.de/artikel/1068180.bedingungloses-grundeinkommen-gerecht-nur-als-grundrecht.html

Die Verwechslung

Meine Wohnung, der elektrische Strom, das fließende Wasser, die Entsorgung meines Mülls, mein Hemd, meine Hose, das Brot, die Marmelade, mein Smartphone, die Straße, auf der ich gehe, die U-Bahn, in der ich fahre usw. – all das wird bereitgestellt durch harte, körperliche Arbeit von Millionen und Abermillionen von Menschen, in meiner unmittelbaren Umgebung, in Deutschland und der ganzen Welt. Man täte gerade als »geistiger Arbeiter« gut daran, sich anhand nur eines einzigen Bestandteils des eigenen Realeinkommens einmal klarzumachen, worauf dieses beruht. Zum Beispiel der Strom in unseren Wohnungen, mit dem wir die Werkzeuge der »Digitalisierung« versorgen: Für diesen Strom wird – und zwar unabhängig von der Wahl des Stromanbieters – vor allem Kohle verfeuert, und diese wird wiederum hauptsächlich in Russland und Kolumbien abgebaut, insbesondere vom Schweizer Weltkonzern Glencore, der mit seinen 157.000 Mitarbeitern einen Jahresumsatz von 170 Milliarden Dollar erwirtschaftet.[2] Selbstverständlich werden beim Abbau der Kohle auch Maschinen genutzt – weshalb Millionen Menschenhände hauptsächlich in den rund 3.000 Eisenerz-Minen Chinas das Eisenerz für solche Maschinen fördern müssen, usw. Der Strom in unseren Wohnungen benötigt Leitungen aus Kupfer, das größtenteils aus Chile stammt und dort von rund 55.000 Minenarbeitern abgebaut wird, sowie Isoliergummi, für das wiederum Erdgas Verwendung findet usw. Dasselbe könnte man nun für all die anderen Dinge, die jeder von uns täglich konsumiert, ausführen.

Dass dennoch die Utopie einer Befreiung des Menschen von der körperlichen Arbeit immer weitere Kreise zieht, ist seinerseits Ausdruck einer psychologischen Wirkung der Technik. Denn die Technik schneidet die Menschen, die sie ökonomisch miteinander verbindet, wahrnehmungs-

2. Vgl. de.wikipedia.org/wiki/Glencore

mäßig voneinander ab. Mit voranschreitender Arbeitsteilung wird es wortwörtlich immer schwieriger, die Realitäten nicht aus dem Auge zu verlieren. Insbesondere junge Designer, Programmier, Journalisten usw. neigen dazu, ihre spezielle Lebenswelt auf die Wirtschaft zu übertragen und den realen Boden der von ihnen täglich konsumierten Waren und Dienstleistungen auszublenden. Vom Boden der Tatsachen, und nicht von Utopien, müsste aber das Nachdenken über Antworten auf die Not der Gegenwart ausgehen.

Die Argumentationsweise von Kovce & Co. wäre allerdings auch dann falsch, wenn die menschliche Arbeit tatsächlich in nennenswertem Umfang von Maschinen übernommen werden könnte. Die Vorstellung, Maschinen würden Menschen von der Arbeit freistellen, beruht nämlich auf einem Logikfehler, genauer gesagt: auf einer Verwechslung der Kategorien. Maschinenarbeit ist physikalische Arbeit und als solche etwas grundsätzlich anderes als menschliche Arbeit im ökonomischen Zusammenhang. Wo z.B. ein Roboter tätig ist, ist der Mensch nicht oder zumindest nicht unmittelbar tätig. Für die Bereiche, in denen der Mensch nicht tätig ist, stellt sich aber selbstverständlich auch nicht die Frage nach Inhalt, Bewertung und Verteilung der menschlichen Arbeit. Nur sofern Arbeit auch Menschenarbeit ist, ist sie eine soziale Kategorie. Physikalische Arbeit dagegen ist ein Thema für die Physik.

Man stelle sich einen Haushalt vor, in dem der physikalische und der soziale Arbeitsbegriff miteinander vermischt würden: Der Mann putzt das Bad, saugt Staub, kauft ein, während die Frau auf der Couch sitzt und Zeitung liest. Auf die Frage, warum sie denn nicht mithelfe, antwortet sie: »Ja, meine Arbeit wird von Spülmaschine und Waschmaschine übernommen, die arbeiten für mich, deswegen kann ich etwas anderes tun. Es tut mir leid, dass deine Arbeit noch nicht von Maschinen gemacht werden kann, aber wenn es soweit ist, kannst Du auch Zeitung lesen.« Hier bemerkt man den Denkfehler sofort. Dass die Waschmaschine Menschenarbeit erspart, bedeutet lediglich, dass diese Arbeit nicht mehr von Menschen zu tun ist. Über das Verhältnis zu meinen Mitmenschen bezüglich jener Arbeit, die – nach Abzug der physikalischen Arbeit – zu tun bleibt, ist damit noch nichts gesagt. Das lässt sich gerade nicht von der physikalischen Arbeit ableiten, sondern wird (und zwar nicht ideal, sondern real) vollkommen unabhängig von der Maschinenarbeit auf rein menschlichem Boden durch Vereinbarungen bestimmt. Bezogen auf die Gesellschaft heißt das: Was Maschinenarbeit an menschlicher Arbeit erspart, das erspart sie – rein physikalisch gesehen – eben nicht bestimmten einzelnen Menschen oder Menschengruppen, sondern der Menschheit insgesamt. Dass diese Zeitersparnis sodann einzelnen Menschen oder Menschengruppen zugeordnet wird, ist kein physikalischer Vorgang mehr, sondern beruht auf menschlicher Konvention. Da beginnt die soziale Frage.

Die Menschheit wird die Frage beantworten müssen, wie sich die Technik, die ja zurückgeht auf den menschlichen Geist, in die Gesellschaft hineinstellen kann. Und verbunden damit wird sie in den konkreten Zusammenhang zwischen Individuum und Kapital eindringen müssen. Wem »gehört« der Geist, die gute Idee, der naturgesetzliche Zusammenhang, der in der Maschine wirkt? Wem ist die Zeitersparnis, die der menschliche Geist durch seine »Erfindungen« ermöglicht, zuzuordnen? Wie ist sie zu verwenden, welche neuen Branchen sollen gegebenenfalls die Produktpalette erweitern? Immer mehr Menschen beginnen die Dimension dieses Problems zu erahnen, wenn sie die Zuordnung des Kapitals zu seinen Eigentümern, des digitalen Marktplatzes zu Amazon oder des Patents zu diesem oder jenem Konzern in Frage stellen. Die »Kapitalfrage« markiert den Brennpunkt der sozialen Frage. Und nur in dieser Beziehung hat der Begriff der Freiheit einen Sinn: Die Abhängigkeit der menschlichen Arbeit vom »Recht« eines Produktionsmittel-Besitzers kann in Frage gestellt werden, weil sie auf menschlicher Konvention beruht. Die Abhängigkeit des Einkommens von der menschlichen Arbeit dagegen kann niemals in Frage gestellt werden, weil sie ein notwendiger Zusammenhang ist.

Das reale Einkommen jedes Menschen besteht im Konsum eines Anteils der weltweiten Gesamtproduktion, also eines Prozentsatzes der hergestellten Nahrung, Kleidung, Elektronik usw. Dieses Einkommen beruht auf menschlicher Arbeit, genauer gesagt: auf der Zusammenarbeit der Menschen über die ganze Erde hin. Die notwendige Bedingung für mein Einkommen ist also menschliche Arbeit – nämlich die Arbeit anderer Menschen – und umgekehrt. Maschinen steigern die Effektivität dieser Arbeit und treiben die weltweite Arbeitsteilung voran, sodass immer neue Produktionszweige möglich werden, in denen wiederum Menschen arbeiten. Bezüglich der sich daraus ergebenden wechselseitigen Abhängigkeiten der Menschen voneinander stellt sich die Frage nach der Gerechtigkeit. Eine Antwort darauf ist nur möglich, wenn die Maschinenarbeit dabei ausgeblendet wird. Sobald nämlich der eine Mensch die Arbeit einer Maschine, der andere dagegen nur die Arbeit seiner Hände in die Waagschale werfen kann, sobald also Menschenarbeit und Maschinenarbeit in Konkurrenz zueinander gebracht werden, herrscht Ungerechtigkeit.

Das ist aber in dem Augenblick der Fall, da die Werkzeuge der Arbeitsteilung, die Technologie, die Produktionsmittel usw. eigentumsrechtlich zugeordnet werden. Dadurch tritt zu jener rein *wirtschaftlichen* Abhängigkeit jedes Menschen von dem anderen eine zweite Form der Abhängigkeit hinzu, nämlich die *rechtliche* Abhängigkeit des arbeitenden Menschen von bestimmten Personen oder Personengruppen. Es muss also die wirtschaftliche Abhängigkeit als solche unterschieden werden von jener ganz anders gearteten Abhängigkeit, die durch das Hineinmischen des Rechts in die Wirtschaft überhaupt erst erzeugt wird. Letzteres bewirkt, dass die menschliche Arbeit nicht durch den arbeitsteiligen Wirtschaftsprozess selbst, sondern durch die partikularen Interessen derjenigen bestimmt wird, die nun »Arbeitgeber«, d.h. faktisch *Arbeitsplatzbesitzer* geworden sind.

Der Gesichtspunkt, unter dem eine Unternehmung aus Perspektive eines Arbeitsplatzbesitzers als ökonomisch sinnvoll erscheint, ist ein anderer als der, unter dem der gesamtwirtschaftliche Wert der Unternehmung beurteilt werden muss. Das fühlen die Befürworter eines bedingungslosen Grundeinkommens. Sie wehren sich zu recht dagegen, vom Jobcenter zur Annahme zweifelhafter Tätigkeiten genötigt zu werden. Dass nämlich unter den gegenwärtigen Verhältnissen an just dieser Stelle Kapital gebildet, also Einkommen erzeugt werden kann, beweist allein noch nicht die Sinnhaftigkeit einer Tätigkeit. Mit etwas zeitlichem Abstand betrachtet erweist sich sogar die Tatsache, dass an einer bestimmten Stelle Kapital gebunden werden konnte, oftmals als eine Fehllenkung der Arbeit, bezogen auf die gesamtwirtschaftliche Entwicklung. Das ändert jedoch nichts an den ökonomischen Bedingungen für das Vorhandensein von Einkommen, sondern stellt die gegenwärtige Form der Kapitalsteuerung in Frage. Weil sie hierüber nicht zu klaren Begriffen kommen, verwechseln die Grundeinkommensbefürworter beide Formen der Abhängigkeit: indem sie die von den Kapitaleigentümern diktierten Bedingungen abzuschütteln glauben, negieren sie in Wahrheit die realen Bedingungen der Ökonomie – und geraten dadurch erst vollkommen in die Gewalt der Kapitaleigentümer, wie hier noch zu zeigen sein wird.

Freiheit in der Wirtschaft?

Die Grundeinkommensbewegung dehnt das Ideal der Freiheit auf die Wirtschaft als solche aus und spielt damit jenen Kräften in die Hände, die schon immer die Freiheit in der Wirtschaft gesucht haben. Dass sie den zu Grunde liegenden Irrtum nicht bemerkt, liegt an der Suggestivkraft der gegenwärtigen Verhältnisse: Im System der Erwerbsarbeit, durch das auch die Grundeinkommensbefürworter sozialisiert wurden, bekommt man (scheinbar) Geld »für« seine Arbeit, lebt also vom »Lohn«. Da man somit in Lohnbegriffen zu denken gewohnt ist, übersieht man leicht, dass Einkommen real niemals aus Geld besteht, sondern immer aus dem, was man für dieses Geld kaufen kann: aus den Waren. Dieses reale Einkommen wäre aber nicht vorhanden, wenn auf wirtschaftlichem Gebiet tatsächlich Freiheit herrschte. Sofern ich ein Einkommen habe, lebe ich davon, dass andere Menschen ihre Bewegungen, Gedanken usw. für einen gewissen Zeitraum am Tag *nicht selbst* bestimmen, sondern bestimmt sein lassen von meinem Bedürfnissen und den damit zusammenhängenden Notwendigkeiten des materiellen Lebens. Soll z.B. mein Bedürfnis nach Kleidung befriedigt werden, so zwingt dies andere Menschen konkret dazu, den Arm auszustrecken, eine ganz bestimmte Handbewegung auszuführen, Körperhaltung einzunehmen, usw. – kurz zu all den Bewegungen, die durch den Herstellungsprozess des entsprechenden Produkts vorgegeben sind. Entscheidend für die Verfügbarkeit der Ware ist aber nicht nur die Arbeit als solche, sondern auch ihre Verteilung, wie viele Menschen also in der einen, und wie viele demgegenüber in der anderen Branche arbeiten. Auch die Frage der Berufswahl ist somit faktisch – und nicht etwa aus der Laune irgendwelcher Spitzbuben heraus – keine freie. Das Vorhandensein jedes Produktes, das ich konsumiere, beruht auf genau definierten Arbeitsschritten einer exakt zu bestimmenden Anzahl von Menschen in einem bestimmten Zweig des Wirtschaftslebens.

In *diesem* Sinn beruht alles Einkommen auf Zwang, nur eben auf einem Zwang, dem sich andere Menschen unterwerfen müssen. Sozial wäre es, den Zwang der Arbeit solidarisch zu tragen, damit für alle Menschen *neben* der Arbeit genügend Zeit bliebe, um rein menschlichen Impulsen zu folgen. Dass sie dagegen das Ideal der Freiheit auf dem Gebiet des Wirtschaftslebens zu verwirklichen suchen, ist das Kennzeichen der anti-sozialen Kräfte.

Soweit sie das zugibt, argumentiert die Bewegung für ein bedingungsloses Grundeinkommen, der Mensch wolle sich freiwillig jenem Zwang unterwerfen und müsse dazu nicht durch einen Lohn motiviert werden. Kurioserweise beweist sie selbst das Gegenteil, indem sie sich nämlich auf die Arbeit erst gar nicht einlässt, sondern diese stattdessen neu definiert als »Tätigkeit, die einem selbst sinnvoll erscheint«.[3] Arbeit ist jedoch umgekehrt eine Tätigkeit, deren Art, Ziel und Umfang nicht durch mich, sondern durch die Bedürfnisse anderer Menschen bestimmt ist.

Wenn die Mitglieder der Bewegung darüber sprechen würden, wie sie auf Grundlage eines Grundeinkommens zu Mitarbeitern einer Industriegesellschaft werden wollen, wie sie z.B. in der Aluminiumgießerei ein Gasgemisch in die »Kerne« für Getriebe von Audi, Porsche usw. schießen, zur Herstellung pharmazeutischer Gelatine Schweineschwarten in riesigen Stahlkesseln kochen, oder sich im Straßenbau den Rücken ruinieren möchten, könnte man sie eine »soziale« Bewegung nennen. Tatsächlich aber erklärt diese Bewegung mit jedem Wort, dass sie keine Ahnung davon hat, woher die Güter stammen, die sie gerne »bedin-

3. Vgl. Götz Werner: »Das Grundeinkommen macht es möglich, eine dem eigenen Lebenssinn entsprechende Tätigkeit wahrzunehmen.« – unternimmdiezukunft.de/index.php?id = 56; Daniel Häni & Philip Kovce: »Arbeit ist das, was ich tun will. Arbeit ist das Gebiet, auf dem ich mich entwickeln will. Arbeit ist das, was mir Kraft und Sinn gibt« – Was fehlt, wenn alles da ist? (Zürich 2015); Ralph Boes: »Als Arbeit im vollmenschlichen Sinne ist jede Tätigkeit zu betrachten, die ihn und die Welt bildet und weiterbringt – unabhängig davon, ob sie sich innerlich oder äußerlich vollzieht und unabhängig davon, ob sie einen Gelderwerb ermöglicht oder nicht.« – grundrechte-brandbrief.de/Meldungen/2015-01-30-Abhandlung-zum-Arbeitsbegriff.htm

gungslos« konsumieren möchte, und zudem nicht im Entferntesten daran denkt, sich an der dazu nötigen Arbeit zu beteiligen. Man erinnere sich in diesem Zusammenhang an die denkwürdigen Auftritte von Ralph Boes 2012 in der ARD-Sendung Maischberger[4] und bei anderen Gelegenheiten. Boes bezieht Hartz IV und glaubt, dass er ein Recht auf die freie Ausübung seiner Tätigkeit als »Geistesarbeiter« habe. Da er für diese Tätigkeit jedoch nicht die Anerkennung findet, die ihm ein Einkommen ermöglichen könnte, fordert er, der Staat solle ihm ein Grundeinkommen ausbezahlen. Boes übersieht dabei die sozialen Empfindungen der arbeitenden Menschen, wie sie ihm u.a. nach jenen Auftritten auch entgegengebracht wurden: »Ich mache jeden Tag den Buckel krumm, um die Dinge hervorzubringen, die Du nachher konsumierst, und Du willst im Gegenzug selbst definieren, was Du tust, in derselben Zeit, in der ich für Dich schufte? Du hast doch nicht mehr alle Tassen im Schrank!«.[5] Gerade den »einfachen«, mit den Händen arbeitenden Menschen ist eben sofort klar, wo der Unterschied zwischen der eigenen Arbeit und dem liegt, was Ralph Boes als »Arbeit« neu definieren will: Was diese Menschen hervorbringen, wird von Herrn Boes konsumiert. Was er umgekehrt hervorbringt, daran haben sie kein Interesse. Es kommt also gar nicht darauf an, was Boes zu sagen glaubt, sondern darauf, was er tatsächlich sagt – und tut. Und tatsächlich lässt er andere Menschen für sich arbeiten, während er seinerseits nichts für diese Menschen tut und tun will. Man mag die Aggressivität, mit der Ralph Boes in der Folge als »Schmarotzer« beschimpft wurde, verurteilen. Aber rein sachlich gesehen fällt die von ihm zur Schau getragene Lebensweise, wenn man sie denn mit

4. Die Sendung findet sich unter www.youtube.com/watch?v = jwG74qu01x0
5. Sinngemäße Zusammenfassung der Leserkommentare zu verschiedenen Zeitungsartikeln über die Sendung.

irgendetwas in der äußeren Welt vergleichen will, mit dem Begriff des Schmarotzers zusammen.

Das ändert sich auch nicht, wenn man dasselbe, was man sich für die eigene Geistesarbeit wünscht, allen Menschen zukommen lassen möchte. Egoismus ist, zum Gruppenegoismus ausgeweitet, immer noch Egoismus. Es bleibt nämlich die Tatsache bestehen: Was Herr Boes von seiner Geistesarbeit selber hält, ist seine Privatsache. Die ganze Angelegenheit würde erst dann eine soziale Note bekommen, wenn er nicht den Staat um Anerkennung bitten würde, sondern die Menschen, denen er seine geistige Arbeit angedeihen lassen möchte. Dann bestünde aber eben auch die Möglichkeit, dass diese Ralph Boes dafür, dass er geistig arbeitet, nichts geben wollen. Boes wäre also unter Umständen genötigt, etwas zu tun, das seine Mitmenschen eher brauchen als seine geistige Arbeit. Das heißt aber: Er würde damit beginnen müssen, *sozial* zu denken.

Das soziale Leben ist wesentlich komplizierter, als es die Grundeinkommensbewegung glauben machen will. Dass Menschen Hartz IV dazu nutzen, sich geistigen Tätigkeiten zuzuwenden, mag in den gegebenen Verhältnissen richtig erscheinen. Zudem kann insbesondere die geistige Arbeit von Ralph Boes kaum hoch genug geschätzt werden.[6] Dennoch lassen sich die Verhältnisse nicht dadurch ändern, dass man dasjenige, was bezogen auf die eigene, situationsbedingte Handlungsweise als moralisch richtig erscheint, zum gesellschaftlichen Prinzip erhebt.

6. Ralph Boes hat wie bisher kein anderer das Hartz-IV-System bekämpft, indem er z.B. durch einen Hungerstreik die Öffentlichkeit auf die menschenverachtende Praxis der Sanktionen aufmerksam machte. – www.taz.de/!5222487/. Umso tragischer ist die Verknüpfung mit der Grundeinkommens-Utopie. Auch die von ihm angestoßene Verfassungsbeschwerde bezüglich der Sanktionspraxis z.B. hätte durchaus Chancen gehabt, wurde jedoch an die verfassungsmäßige Anerkennung eines grundsätzlich »neuen Arbeitsbegriffs« gekoppelt, siehe Fußnote auf Seite 17.

Zwischen dem individuellen Reagieren auf die Verhältnisse und einer Änderung derselben liegen einige Schritte, die nicht übersprungen werden können.

Die Tragik der Grundeinkommensbewegung ist, dass ihren Anhängern eigentlich die Abhängigkeit von den Arbeitsplatzbesitzern auf der Seele lastet, sie jedoch – indem sich ihr Freiheitsimpuls unreflektiert Bahn bricht – das einzige Mittel abschaffen, durch das sie sich daraus befreien könnten. Denn die *rechtliche* Abhängigkeit von den Arbeitsplatzbesitzern kann nur dadurch überwunden werden, dass die *ökonomische* Abhängigkeit bejaht und ergriffen wird. Damit ist die Blickrichtung einer sozialen Bewegung im eigentlichen Sinn des Wortes gekennzeichnet. Diese Bewegung müsste danach trachten, die Arbeit wieder am realen Bedarf zu orientieren. Und zum Zweck dieser Orientierung der Arbeit am Bedarf müsste sie die gegenwärtigen Eigentumsverhältnisse in Frage stellen. Statt von einem Recht auf Konsum müsste sie von einem Recht auf Mitarbeit sprechen und sich mit den arbeitenden Menschen solidarisieren, indem sie ihnen zur Hand geht.

Brauchen wir eine neue Definition von »Arbeit«?

Gegen obige Ausführungen scheint der Einwand berechtigt, dass die meisten Befürworter den Sinn der Arbeit gerade darin suchen, wiederum für andere tätig zu werden. Ein Grundeinkommen, so die Behauptung, nehme die Existenzangst und ermögliche deshalb, seine Fähigkeiten erst *wirklich* für das Wohl der Gemeinschaft einzusetzen. Solche guten Absichten werden hier auch voll anerkannt. Zwischen der Absicht, die mit einer Idee verknüpft wird, und ihrem tatsächlichen Inhalt besteht jedoch ein wesentlicher Unterschied. Beide müssen keineswegs deckungsgleich sein und können sich sogar, wie im Fall der Grundeinkommens-Idee, widersprechen.

In der arbeitsteiligen Wirtschaft stehen sich zwei Pole gegenüber: Produktion und Konsum. Wohlgemerkt: nicht Produzenten und Konsumenten, sondern Produktion (einschließlich Dienstleistung) und Konsum, denn jeder gesunde Erwachsene im arbeitsfähigen Alter kann selbstverständlich auf beiden Seiten stehen. Arbeit im *ökonomischen* Sinn ist jede Tätigkeit, die sich in den arbeitsteiligen Produktionsprozess eingliedert und so am Konsumpol orientiert, dass die sich aus den Bedürfnissen ergebenden Wertverhältnisse getroffen werden. Wird z.B. eine bestimmte Warengattung im Verhältnis zu anderen zu teuer, weil zu wenige Menschen in dieser Branche arbeiten, müssen die Arbeitskräfte entsprechend umgelenkt werden – auch damit diejenigen, die nicht mitarbeiten können, in den Genuss der betreffenden Ware kommen. Dasselbe umgekehrt: wird eine Warengattung im Verhältnis zu anderen zu billig, müssen Arbeitskräfte diese Branche verlassen und in eine andere wechseln, weil sie sonst sich und allen anderen schaden würden. Bekämen sie (z.B. durch ein Grundeinkommen) die Möglichkeit, trotz sinkender Nachfrage dasselbe Produkt zu vermehren, würden sie gegen den tatsächlichen Bedarf und somit partiell für sich selbst arbeiten. »Für andere arbeiten« meint im Kontext der Einkommens- und Wirtschaftsfrage also, sich bedingungslos auf die Tatsache einer arbeitsteiligen Weltwirtschaft einzulassen, die Arbeit an der Nachfrage zu orientieren und gegebenenfalls eben auch in die Branche zu wechseln, in der man *gemessen an den sich aus dem weltwirtschaftlichen Gefüge ergebenden Wertverhältnissen* am ehesten gebraucht wird. Damit soll nicht behauptet werden, dass man bei der Verteilung der Menschen auf die verschiedenen Wirtschaftszweige unterschiedliche Fähigkeiten oder gar moralische Bedenken ausblenden kann, wohl aber, dass es unmöglich ist, den ökonomischen Sinn der Arbeit von der persönlichen Bewertung »sinnvoller« oder »sinnloser« Tätigkeiten abzuleiten.

Daneben gibt es viele wertvolle Tätigkeiten, die nicht der Arbeitsteilung unterliegen und daher keine ökonomische Kategorien sind. Das geistige Ringen um eine persönliche Lebensfrage, die Pflege der kranken Mutter oder die Erziehung der eigenen Kinder sind zweifelsohne wertvolle und unverzichtbare Tätigkeiten – liegen *ökonomisch* gesehen jedoch nicht am Produktions-, sondern am Konsumpol. Was z.B. die Mutter ihrem Kind zukommen lässt, ist weder Ware noch Dienstleistung im Zusammenhang der arbeitsteiligen Wirtschaft – beruht jedoch darauf, dass die Mutter ihrerseits Waren und Dienstleistungen konsumieren kann, d.h. auf Arbeit im *ökonomischen* Sinn am Produktionspol des Wirtschaftslebens.

Arbeit als Faktor der Ökonomie fällt also nicht mit dem Begriff der »Anstrengung« zusammen, ebensowenig wie »Leistung« mit der Vorstellung von etwas »Anerkennungswürdigem«. Hier ist ausschließlich von Arbeit als ökonomischem Faktor die Rede – und zwar nicht, weil alle anderen Tätigkeiten gering geschätzt werden und aus der persönlichen Perspektive nicht sinnvoll sein können, sondern im Gegenteil: um die wirtschaftliche Grundlage auch für solche nicht-wirtschaftlichen Tätigkeiten bilden zu können. Dazu ist es eben notwendig, die Arbeit, sofern damit ein rein ökonomischer Faktor gemeint ist, so auf die verschiedenen Branchen zu verteilen, dass die komplizierten Wertverhältnisse, die sich wiederum aus den Konsumverhältnissen ergeben, tatsächlich abgebildet werden.

Ob die Menschen mit einem bedingungslosen Grundeinkommen im Allgemeinen »für andere« tätig werden wollen, ist also gar nicht relevant. Entscheidend ist vielmehr die Frage, wann es sich bei diesen Tätigkeiten dann um Arbeit im ökonomischen Sinn, wann dagegen um andere Tätigkeiten handelt, und welchen Effekt es auf unser aller Einkommen hat, wenn diese Unterscheidung nicht mehr möglich ist.

Weil die Tätigkeit der Mutter keine Arbeit im ökonomischen Sinn ist, werden Elterngeld und ähnliche Leistungen des Sozialstaats in der Wirtschaftswissenschaft nicht als Vergütung für Arbeitsleistungen, sondern als »Transferleistungen«, d.h. als Ersatz für Arbeitseinkommen bezeichnet. Dabei handelt es sich nicht um eine »Definition«, sondern um die Charakterisierung eines realen Vorgangs. Die Tätigkeit der Mutter *ist* faktisch keine Arbeit im Zusammenhang der arbeitsteiligen Wirtschaft, bzw. wird es erst dann, sobald sie nicht dem eigenen Kind gilt, sondern dem einer anderen Mutter, damit diese wiederum für andere tätig werden kann, usw. Der ehemalige dm-Chef und Grundeinkommensverfechter Götz Werner behauptet jedoch (wie viele andere Grundeinkommensbefürworter auch): »Immer wenn jemand für andere etwas leistet, ist das Arbeit – also auch Erziehung oder Pflege in der Familie.«[7] Philosophisch mag das ein guter Gedanke sein – im Zusammenhang der *ökonomischen* Fragestellung, auf die Werner sich hier bezieht, ist es jedoch Unsinn. Denn Werner vermischt damit Produktions- und Konsumpol. Statt aus dem arbeitsteiligen Wirtschaftsprozess leitet er den Wert der Arbeit unmittelbar von der subjektiven Beurteilung ihres Sinns ab. Aus dieser Perspektive ist eine soziale Orientierung der ökonomischen Arbeit jedoch nicht mehr möglich. Denn die »Erziehung oder Pflege in der Familie« ist nunmal das polare Gegenstück zur Arbeit als Faktor des Wirtschaftslebens. Diese Tatsache wird durch eine Neudefinition nicht geändert, sondern lediglich verschleiert. Ein bedingungsloses Grundeinkommen macht aus den nicht-wirtschaftlichen Tätigkeiten keine wirtschaftlichen, bewirkt allerdings, dass beide nicht mehr unterschieden und bewusst aufeinander bezogen werden können.

Dass die meisten Grundeinkommensbefürworter von sich behaupten, den Sinn der Arbeit weiterhin in der Befriedigung der Bedürfnisse ihrer

7. Götz Werner im Interview mit Paulina Henkel, Planet Interview, 25.06.2010 – www.planet-interview.de/interviews/goetz-werner/35238/

Mitmenschen suchen zu wollen, spricht für sie. Sie würden diesen Sinn aber nicht mehr finden können, weil sie dann eben ihr Einkommen zum Teil aus Steuermitteln bezögen und somit überhaupt nicht mehr wissen könnten, wann sie tatsächlich für andere arbeiteten, und wann dagegen für sich selbst. Die Abhängigkeit des Einkommens vom erzielten Preis für die hervorgebrachte Ware oder Dienstleistung ermöglicht nämlich erst eine Beurteilung der Bedarfsorientierung ökonomischer Arbeit. Falls ein ausreichender Verdienst in einem bestimmten Sektor nicht mehr möglich ist, lautet eine am Gemeinschaftswesen orientierte Antwort: ich muss also etwas anderes arbeiten. Könnte ich stattdessen den Wegfall meines Einkommens mit Hilfe einer *bedingungslosen* Transferleistung ausgleichen und so das nicht nachgefragte Produkt oder die nicht nachgefragte Dienstleistung trotzdem anbieten, würde ich mir selbst und allen anderen schaden. Ich frage dann nämlich Leistungen anderer nach, während umgekehrt meine Leistungen nicht oder zumindest nicht in einem vergleichbaren Maß nachgefragt werden. Mit anderen Worten: in der Zeit, in der ich Werte verbrauche, erzeuge ich nichts, was gemessen an der Nachfrage gleichwertig ist. Und das heißt volkswirtschaftlich gesehen nichts anderes als dass Werte an dieser Stelle in die *Entwertung* überführt werden.

Entwertungen sind an sich natürlich nichts Schlechtes, sondern gehören zum Wirtschaftsprozess mit dazu. Nur sind sie eben das Gegenteil ökonomischer Wertschöpfungen. Auch die Erziehung der eigenen Kinder ist kein Teil der volkswirtschaftlichen Wertschöpfung, sondern eine Entwertung. Soll die Erziehung, und damit zuletzt das Kind selbst, nicht einen scheinbaren Warencharakter erhalten, muss die Gesellschaft an dieser Stelle den Abbau von Werten ermöglichen, ohne dafür die Erstellung neuer Werte zu fordern. Es ist jedoch ein ganz entscheidender Unterschied, ob an einer bestimmten Stelle im volkswirtschaftlichen Prozess bewusst entwertet wird, oder ob Entwertungen überhaupt nicht also solche erkannt, sondern für Wertschöpfungen gehalten werden und sich deshalb chaotisch vollziehen. Letzteres ereignete sich z.B. in der Finanzkrise von 2007, in der Immobilienkrise in Spanien oder in der Griechenlandkrise. Viele der Einkommen, die z.B. in Spanien vor der Krise in der Immobilienbranche bezogen wurden, waren, obwohl dabei Häuser entstanden, *ökonomisch gesehen* leistungslose Einkommen, da ein entsprechender Bedarf nicht vorhanden war. Hätte man das Kapital, das u.a. aus Deutschland in diesen Sektor floss, dort Einkommen bildete und deshalb letztendlich verbrannt wurde, *vorher* gezielt entwertet, etwa durch eine Förderung von Forschung und Wissenschaft, wäre aus dem notwendigen betriebswirtschaftlichen Rückbau im Bausektor nie ein volkswirtschaftlicher Schaden oder gar eine »Krise« entstanden.

Die Menschheit steht vor der Herausforderung, das Wirtschaftsleben immer bewusster zu gestalten, statt sich bloß dem Spiel einer »unsichtbaren Hand« zu überlassen. Das ist aber nur möglich, wenn immer mehr aus volks- bzw. weltwirtschaftlicher Perspektive gedacht wird, statt die betriebswirtschaftliche Logik auf das Wirtschaftsleben insgesamt zu übertragen. Aus Sicht des einzelnen Betriebs besteht der Sinn des Wirtschaftens darin, mehr Werte aufzubauen. Aus volks- und weltwirtschaftlicher Sicht verhält es sich ganz anders, da gehören Rückbau und sogar Entwertung wesentlich mit ins Bild. Einerseits müssen die Arbeitskräfte jeweils in diejenigen Branchen gelenkt werden, in denen zu einem bestimmten Zeitpunkt tatsächlich am ehesten für die Nachfrage produziert werden kann, was zugleich einem Rückbau in einer anderen Branche entspricht. Andererseits aber geht der produktive Prozess notwendig immer auch in die Entwertung über, weil schlichtweg nicht in alle Ewigkeit weiterproduziert werden kann, sondern irgendwann eine Sättigung eintritt. Das sind Tatsachen, die sich im Wirtschaftsleben, unabhängig vom gewählten System, notwendig abspielen. Die Frage ist nur, ob sich beides, Lenkung und Entwertung, tatsächlich chaotisch und unkontrolliert abspielen *muss*, oder ob das menschliche Bewusstsein hier nicht auch eindringen und so das Wirtschaftsleben menschenwürdiger gestalten könnte.

Selbstverständlich macht es die Bewegung für ein bedingungsloses Grundeinkommen sympathisch, dass sie das Motiv zur Arbeit nicht im Gelderwerb sehen möchte. Schließlich ist das *Ziel* der Arbeit immer die Befriedigung der Bedürfnisse anderer Marktteilnehmer. Dieses Ziel sollte selbst auch das *Motiv* sein können. Wie das möglich werden kann, ist Gegenstand des zweiten Kapitels dieser Schrift. Der Umkehrschluss, man könne das eigene Einkommen grundsätzlich vom erzielten Preis für das eigene Erzeugnis trennen und zu diesem Zweck zum Teil aus einer bedingungslosen Transferleistung beziehen, ist jedoch ein Fehlschluss.

Befürworter eines bedingungslosen Grundeinkommens werden dagegen einwenden, dass die Nachfrage derzeit nicht dem tatsächlichen Bedarf entspreche, sowie umgekehrt nicht jede ökonomisch sinnvolle Tätigkeit auch die ihr »angemessene« Bewertung und Vergütung erfahre. Das ist wohl wahr, ändert jedoch nicht grundsätzlich die Funktion des Marktes, sondern weist auf das sog. »Lenkungsproblem« hin. Gegenwärtig ist eine bewusste Lenkung auch in der Marktwirtschaft noch kaum möglich, aus Gründen, die hier noch zu erörtern sind. In vielen Branchen werden deshalb weit mehr Einkommen am Produktionspol gebildet, als durch den tatsächlichen Bedarf für das betreffende Produkt gerechtfertigt ist. So entstehen »Scheinwerte«, die dann irgendwann abgeschrieben werden müssen – während an anderer Stelle Einkommen fehlen und viele »eigentlich« benötigte Tätigkeiten nicht verrichtet werden können. Die Einführung eines bedingungslosen Grundeinkommen wäre allerdings nichts anderes als eine Vergesellschaftung des *Prinzips* solcher Blasenbildungen, weil es nämlich Geldbezug und realwirtschaftliche Wertschöpfung *grundsätzlich* trennen würde.

Eine marktwirtschaftliche Lenkung wäre dann gänzlich unmöglich geworden. An ihre Stelle müsste früher oder später eine staatliche Planwirtschaft treten und die Arbeit aus einer bürokratischen Verwaltung heraus zuweisen – weshalb es auch nicht ganz zufällig ist, dass die Grundeinkommens-Idee z.B. im Vorschlag der SPD nun diese Wendung erhält.

Die wahren Kosten eines bedingungslosen Grundeinkommens liegen nicht in den absoluten Zahlen, sondern resultieren aus der Verschleierung des Verhältnisses von ökonomischer Arbeit und Konsum. Diese Kosten würden alle zu tragen haben. Leidtragende wären aber insbesondere diejenigen, die eigentlich keine ökonomischen Leistungen erbringen können und deshalb auf *echte* Transferleistungen angewiesen wären. Auch dieser Zusammenhang wird hier noch ausführlicher behandelt werden.

Weshalb sich dennoch immer mehr Menschen von Götz Werners Neudefinition des Arbeitsbegriffs begeistern lassen, liegt auf der Hand: solange die ökonomische Arbeit als Maß aller Dinge betrachtet wird, scheint z.B. die Tätigkeit der Mutter nur dann etwas gelten zu können, wenn sie irgendwie auch »Arbeit« ist. Dabei wird jedoch übersehen, dass die besondere Leistung der Mutter damit erst entwürdigt und in den Dunstkreis des Wirtschaftslebens herabgezogen wird. Das Prinzip des »alten« Sozialstaats geht viel weiter als Werners Neudefinition: Die alleinerziehende Mutter muss überhaupt nicht arbeiten und keinerlei ökonomischen Leistungen erbringen, sondern hat für eine gewisse Zeit schlichtweg das Recht auf ein *leistungsloses* Einkommen – d.h. auf einen Transfer aus den Leistungen anderer. Dieses Prinzip gilt es zu stärken und z.B. im Hinblick auf das Elterngeld auch zeitlich auszudehnen, anstatt es durch die Einführung eines bedingungslosen Grundeinkommens zu verwässern.

Das Grundeinkommen »kommt mit seinen Fragen«

Wie oben dargelegt, hat jedes Einkommen die Arbeit anderer Menschen zur Bedingung. Wer dennoch ein »bedingungsloses« Einkommen fordert, führt in Wahrheit eine zusätzliche Bedingung ein: dass die anderen für einen arbeiten, ohne dass man selbst notwendigerweise auch für die anderen arbeiten muss. Man bemerkt den anti-sozialen Gestus dieser Forderung nur deshalb nicht, weil man die soziale Verantwortung auf ein diffuses »Wir« überträgt: Wir als »Gesellschaft« sollten doch endlich den Großmut aufbringen, dem Einzelnen ein Grundeinkommen zu gewähren. Wer aber ist »die Gesellschaft« wirtschaftlich gesehen? Jeder einzelne arbeitende Mensch! Jeder Einzelne soll demnach bedingungslos, d.h. ohne eine Gegenleistung zu verlangen, für den anderen arbeiten. Fragt sich also, warum die Befürworter eines bedingungslosen Grundeinkommens nicht einfach damit anfangen, bedingungslos für ihre Mitmenschen zu arbeiten? Die Antwort ist: Weil sie selbstverständlich als Gegenleistung für die Bereitstellung eines solchen bedingungslosen Grundeinkommens ein Einkommen, also die Arbeit ihrer Mitmenschen, fordern müssten – ohne Einkommen könnten sie schließlich nicht arbeiten.

Wem nun schwindlig geworden ist, hat obigen Gedanken richtig erfasst: Es ist ein vollständiger Kreisgang. Der große Verdienst der Grundeinkommensbewegung ist, den vergangenheitsbezogenen Lohnbegriff in Bewegung gebracht und das öffentliche Bewusstsein auf den zukunftsbezogenen Aspekt von Einkommen gelenkt zu haben: Einkommen ermöglicht Arbeit. Richtig ist aber auch das Umgekehrte: Arbeit ermöglicht Einkommen. Beide Seiten lassen sich nicht gegeneinander ausspielen, sondern sind zwei Aspekte desselben Zusammenhangs: der arbeitsteiligen Weltwirtschaft. Im Spannungsverhältnis zwischen diesen beiden Seiten, zwischen Produktion und Konsum, findet erst das »Wir« im ökonomischen Sinn statt. Die »Lösung« der sozialen Frage, soweit sie ökonomischer Natur ist, liegt in der Abstimmung beider Seiten aufeinander. Diesen Zusammenhang bezeichnet man in der Wirtschaftswissenschaft als »Lenkungsproblem«: In welchen Bereichen muss zu welchem Zeitpunkt welches Einkommen gebildet werden, damit diejenigen Arbeiten möglich sind, welche wiederum diejenigen Güter hervorbringen, die unser Einkommen darstellen? Wird Einkommen nach dem Gießkannenprinzip verteilt, unabhängig von der jeweils zu ermöglichenden Arbeit, und drücken sich umgekehrt die Forderungen nach Einkommen nicht mehr in den Preisen der Arbeitsprodukte aus, löst sich in einer arbeitsteiligen Wirtschaft das Einkommen als solches auf.

Ein »Problem« ist die Lenkung der Arbeit deshalb, weil in einer arbeitsteiligen Wirtschaft zwar jeder Mensch durch Arbeit und Konsum an den anderen gekettet ist, von diesen Verflechtungen aber keine unmittelbare Wahrnehmung besitzt. Wie lässt sich in einer arbeitsteiligen Weltwirtschaft das sogenannte »Lenkungsproblem« lösen, d.h. wie können sich die am Konsum gemessenen Wertverhältnisse artikulieren und unter welchen Voraussetzungen kann die Arbeit diese Wertverhältnisse treffen? So hat zu fragen, wer der Not entgegenwirken und Einkommen für alle ermöglichen will. Die Bewegung für ein bedingungsloses Grundeinkommen fragt stattdessen: »Was würdest Du tun, wenn für dein Einkommen gesorgt wäre?«[8] Damit wird erstens unterstellt, dass für das Einkommen »gesorgt« werden könne, indem der Staat monatlich jedem Bürger etwas ausbezahlt; und zweitens, dass in irgendeiner Weise relevant sei, was man selbst »gerne tun würde«. Dass man Letzteres behauptet, ist das entscheidende Verkaufsargument für das Unternehmen Grundeinkommen.

8. Vergl. taz vom 30.05.2016, S. 22 – www.taz.de/!5304918/

Damit ersetzt man die soziale Frage durch eine rein persönlichen Frage. Sascha Liebermann, Mitbegründer einer Initiative mit dem vielsagenden Namen »Freiheit statt Vollbeschäftigung«, spekuliert über die möglichen Folgen eines bedingungslosen Grundeinkommens: »Dann gibt's die andern, die heute etwas machen, womit sie sich nicht identifizieren. Die würden, glaube ich, in eine ernsthafte Krise stürzen, weil für die fällt ja eine Krücke weg. Heute können sie sagen, wenn sie erwerbstätig sind, ich mache auf jeden Fall was Sinnvolles, denn ich trage zum Steueraufkommen bei.« Mit einem bedingungslosen Grundeinkommen würden diese Menschen nun »selbst herausfinden« müssen, was Sinn mache.[9]

Dieser Gedankengang ist in seiner Lebensfremdheit bezeichnend für die ganze Bewegung. Zunächst wird behauptet, die Menschen suchten den Wert der »stupiden« Arbeit im Beitrag zum Steueraufkommen. Tatsächlich liegt jedoch der Wert solcher Arbeit, wie hier gezeigt wurde, in ihrem unmittelbaren Ergebnis, nämlich in der Bereitstellung der Konsumgüter, welche unser reales Einkommen darstellen. Das ist Sinn und Wert gerade der »stupiden« Arbeit. Erst von dieser Wertschöpfung kann dann wiederum eine Steuer abgezweigt werden. Dass Liebermann das Abgeleitete, die Steuer, unwidersprochen für die Sache selber nimmt, ist sein erster Fehler. Der zweite folgt sogleich: Indem er zugibt, der Mensch werde mit einem bedingungslosen Grundeinkommen nicht mehr an jener »stupiden« Arbeit festhalten, liefert er, ohne es zu bemerken, selbst ein Argument gegen das Grundeinkommen: Würde der Mensch nämlich mit einem Grundeinkommen tatsächlich jene Arbeiten bleiben lassen, schmölze sein Grundeinkommen dahin und er hätte eben gar kein Einkommen. Die Abhängigkeit des Einkommens von der Arbeit ist nun mal keine theoretische, sondern eine reale:

9. Die Stimme des Volkes: »Was würdest du arbeiten, wenn für dein Einkommen gesorgt wäre«, Folge13 – www.youtube.com/watch?v=iIoGEY0POyE

Keine »stupide« Arbeit = keine Waren = kein Einkommen. Freilich empfindet Liebermann, dass heute sehr viele Menschen in »stupide« Arbeiten getrieben werden, die gar keinen wirklichen Bedarf befriedigen und somit eigentlich sinnlos sind. Das liegt aber, wie schon gezeigt, daran, dass die arbeitsteilige Weltwirtschaft ihr Lenkungsproblem nicht lösen kann. Danach fragt Liebermann aber nicht, sondern unterstellt einfach – und das ist der dritte Fehler: Der Mensch werde eben »selbst herausfinden«, welche Arbeit sinnvoll ist. Aber *wie* sollte er das denn herausfinden können? Das ginge unter den von Liebermann gemachten Voraussetzungen eines bedingungslosen Grundeinkommens nur, wenn der Mensch den Sinn seiner Arbeit selbst erfinden könnte – was jedoch, wie hier bereits angedeutet wurde und unten noch ausführlicher behandelt werden wird, unmöglich ist.

Im Gegensatz zu der rein persönlichen Frage der Grundeinkommensbewegung lautet die *soziale* Frage: Wie können Verhältnisse geschaffen werden, in denen der Einzelne den Sinn seiner Arbeit dem sozialen Zusammenhang entnehmen kann? Wie können wir den Sinn unserer Arbeit in dem anderen Menschen finden, dessen Bedürfnis damit gedient wird? Welche Einrichtungen sind nötig, damit wir Menschen über die Erde hin die Menschenarbeit, welche (nach Abzug der Maschinenarbeit) die notwendige Bedingung für unser aller Einkommen ist, solidarisch tragen können? Brüder im Geiste sind wir leicht, wenn damit unseren eigenen Konsuminteressen gedient zu sein scheint – Brüder im Fleische zu werden, auch wenn es gegen die eigenen Interessen geht, ist die Herausforderung der Gegenwart.

Jeder Mensch ein Künstler?

Etwas völlig anderes ist demgegenüber die Frage, wie sich das geistige Leben, das auch die von Philip Kovce erwähnten »kreativen und kurativen Tätigkeiten«[10] umfasst, zum Wirtschaftsleben stellen könne. Hier gilt es zu beachten, dass alles geistige Leben prinzipiell darauf angewiesen ist, auf wirtschaftlichem Gebiet mitkonsumieren zu können, ohne daran direkt mitwirken zu müssen. Was Schüler, Forscher und Künstler an Waren verbrauchen, muss diesen zur Verfügung stehen, ohne dass sie umgekehrt an der weltweiten Warenproduktion unmittelbar mitarbeiten. Der Unterhalt für das Geistesleben ist ökonomisch gesehen ein Aufwand, dem keinerlei Ertrag entspricht. Hier geht die volkswirtschaftliche Wertschöpfung also tatsächlich in die oben erwähnte Entwertung über. Nur wo das durchschaut wird, kann das Geistesleben mit einer sozialen Gesinnung getragen werden, nämlich so, dass keine Verwertungsabsicht an den Zufluss der Mittel geknüpft wird. Im Hinblick auf die soziale Frage, wie sie sich für das wirtschaftliche Gebiet stellt, bedeutet das: Mit Schülern, Künstlern, Forschern usw. kann in dieser Beziehung nicht gerechnet werden. Damit soll nicht in Abrede gestellt werden, dass gerade die geistigen Erzeugnisse der Menschheit von außerordentlichem Wert für die Ökonomie sind. Diese geistigen Erzeugnisse wurzeln jedoch so in der menschlichen Individualität, dass nicht auf sie gerechnet werden kann wie auf den Wert einer Ware. Bezüglich des Geisteslebens muss vielmehr der Mut aufgebracht werden, alle Unwägbarkeiten der freien Entfaltung menschlicher Individualität mitzutragen – gerade dann wird dieses fruchtbar sein können auch für die Ökonomie. Möglich ist das allerdings nur, wenn die unmittelbar auf die Erzeugung von Konsumgütern gerichtete Arbeit scharf unterschieden wird von geistiger Arbeit, also von künstlerisch-kreativen Tätigkeiten, Forschung, Bildung usw.

Indem sie Warenproduktion und geistige Arbeit gleich behandelt, ökonomisiert die Grundeinkommensbewegung das Geistesleben und ver-

10. Philip Kovce: Gerecht nur als Grundrecht – www.neues-deutschland.de/artikel/1068180.bedingungloses-grundeinkommen-gerecht-nur-als-grundrecht.html

liert damit die Möglichkeit, diesem einen sozialen Sinn zu geben. »Freiheit« ist für die Anhänger der Bewegung: Wenn der Staat mir garantiert, dass ich die Erzeugnisse meiner Mitmenschen konsumieren darf, ohne fragen zu müssen, in welcher Weise ich selbst mich einbringe, sodass ich »frei« entscheiden kann, ob ich an der Bereitstellung der von mir konsumierten Güter mitwirken, oder lieber Dichter sein will. Der eine pflastert die Straße, der andere schreibt ein Gedicht, und so würde, in der Vorstellung der Grundeinkommensbefürworter, eben jeder seinen »individuellen« Beitrag leisten. Das ist eine völlige Verkehrung der menschlichen Freiheit.

Zunächst ist Freiheit die rein persönliche Frage, ob ich z.B. meine Anschauungen unabhängig von staatlicher oder wirtschaftlicher Beeinflussung bilden, mich gegenüber den Suggestionen der »öffentlichen Meinung« innerlich frei machen kann. Diese innere Freiheit kann vom äußeren sozialen Leben nur als Negativ abgebildet werden, indem man zum Beispiel beschließt, auf dem Gebiet des sozialen Lebens nichts über diejenigen Fragen auszumachen, die jeder für sich entscheiden soll. Das heißt: Der Begriff der Freiheit stülpt sich um, sobald man den Blick vom eigenen Innenleben hinweg auf das äußere soziale Leben lenkt. Im sozialen Zusammenhang bedeutet Freiheit nicht das Ausleben meiner eigenen Freiheit auf Kosten meiner Mitmenschen, sondern das Bauen auf die Freiheit *des anderen.* Für das Verhältnis zum äußeren Wirtschaftsleben heißt das: sich abhängig zu machen von der freien Anerkennung seiner Mitmenschen. Es bedeutet nicht, die Leistungen seiner Mitmenschen durch Steuerzwang in die eigene Tasche zu befördern, damit man so ihre körperliche Arbeit heranziehen kann, ohne zugleich auf ihren Geist angewiesen zu sein.

Befürworter eines bedingungslosen Grundeinkommens argumentieren an dieser Stelle: »Ein bedingungsloses Grundeinkommens wird doch von jedem über die Steuer bezahlt, während umgekehrt jeder auch die

Möglichkeit gewinnt, sich statt der Warenproduktion z.B. künstlerischen Tätigkeiten zuzuwenden. Da somit jeder dieselbe Freiheit besitzt, wird auch niemand gezwungen.« Dieser Gedankengang ist indes ein sehr überzeugendes Beispiel dafür, wie lebensfremd das Denken durch die gegenwärtigen Verhältnisse tatsächlich geworden ist. Mit keiner Steuer kann nämlich irgendetwas im Sinne einer volkswirtschaftlichen Gesamtrechnung »bezahlt« werden. Alles, was der Staat als Steuern einnimmt, ist ökonomisch gesehen eine Umverteilung dessen, was zuvor auf ökonomischem Gebiet als Waren und Dienstleistungen bereitgestellt wurde. Das heißt: Ein *steuerfinanziertes* bedingungsloses Grundeinkommen würde eben gerade nicht von allen »bezahlt« werden, sondern es würden ausschließlich von denjenigen getragen, die weiterhin Waren und Dienstleistungen bereitstellten. Diese würden diejenigen mittragen, die sich selbst als Geistesarbeiter sähen. Und je mehr Menschen sich geistigen Tätigkeiten zuwenden würden, desto länger müssten andere dafür in der Warenproduktion schuften, bzw., desto weniger Waren stünden dann allen zur Verfügung.

Wohl ist es unverzichtbar, bestimmte Menschen mittels einer Umverteilung der Waren und Dienstleistungen von der Produktion freizustellen. Im Hinblick auf das Geistesleben stellen sich hierbei jedoch ganz grundsätzliche Fragen: Kann die Entscheidung darüber, wer von der Warenproduktion freigestellt wird (und somit das Arbeitspensum seiner Mitmenschen erhöht) allein von demjenigen gefällt werden, der den Wunsch nach einer solchen Freiheit verspürt? Kann sich die Umverteilung wirklich ohne Rücksicht auf die besonderen Fähigkeiten des freigestellten Geistesarbeiters vollziehen? Ist die Steuer, die unbezweifelbar das richtige Instrument zur Deckung der Staatsausgaben ist, überhaupt der richtige Weg, um auch dem Geistesleben Mittel zufließen zu lassen? Darf diese Entscheidung durch ein pauschales »Recht« automatisiert werden, sodass die Gemeinschaft gezwungen ist, mehr zu arbeiten, wann immer jemand sich aus der Warenproduktion zurückzieht? Oder sollten die Menschen, die dieses Geistesleben mit der Arbeit ihrer Hände ermöglichen, nicht doch darüber mitentscheiden dürfen, *wen* sie eigentlich freistellen möchten?

In einer freiheitlichen Gesellschaft besitzt niemand das Recht, seine Mitmenschen zur Finanzierung der eigenen Geisteserzeugnisse zu zwingen. Wer sich als Geistesarbeiter sieht, muss das Interesse seiner Mitmenschen gewinnen – oder eben mitarbeiten. Wer einmal das zweifelhafte Vergnügen hatte, ein geisteswissenschaftliches Fach wie Germanistik zu studieren, erkennt an dieser Stelle einen zweiten Aspekt der oben formulierten sozialen Frage. Tausende und abertausende Studenten verbringen ihre Zeit damit, Hausarbeiten zu verfassen, die weder sie noch sonst jemanden interessieren. Das ist aber nur eines von unzähligen Beispielen für die Unfruchtbarkeit des gegenwärtigen Geisteslebens. Und diese Unfruchtbarkeit beruht im Wesentlichen darauf, dass unser Geistesleben die Menschen nicht fragen muss, sondern sich seine Existenz erzwingen kann, indem es die Leistungen der körperlich arbeitenden Menschen entweder über Steuern und Abgaben oder über Grund- und Kapitalrenten abschöpft.

Wer die gegenwärtige Stellung des Geisteslebens zum Wirtschaftsleben beobachtet, kommt nicht umhin, dieses Geistesleben weitgehend als einen Schmarotzer der körperlichen Arbeit anderer Menschen zu erkennen. Wenn also einerseits das Geistesleben aus wirtschaftlicher Sicht zunächst ein Minus ist, weil die Arbeit im geistigen Sinn von der Arbeit im ökonomischen Sinn mitgetragen wird, so muss auf der anderen Seite scharf ins Auge gefasst werden, auf welchem Weg genau die Mittel ins Geistesleben fließen, damit sich dieses fruchtbar gestalten kann. Dabei führt der Diskurs über die vermeintliche Polarität zwischen dem »staatlichen Bildungsmonopol« und der »Ökonomisierung der Bildung« in die Irre, denn in Wahrheit bedingt eins das andere:

Jene Gleichförmigkeit, die naturgemäß nur der Ware zu eigen ist, kann geistigen Leistungen erst über den Umweg staatlicher Normierungen und Standardisierungen verliehen werden. Verspricht z.B. die Erfüllung einheitlicher, staatlich definierter Normen europaweit das »Recht«, einen bestimmten Beruf auszuüben, so erfährt der entsprechende Bildungsweg auch eine Bewertung aus dem Wirtschaftsleben und wird als »Dienstleistung« handelbar. Solange zudem jeder gezwungen ist, ihm unbekannte »Geistesarbeiter« über die Steuer mitzutragen, wird auch *jeder* demokratisch mitsprechen wollen, d.h. die staatliche Normierung vorantreiben. Die Unfreiheit des Steuerzahlers macht also das Geistesleben zunehmend selbst unfrei und verwandelt es letztlich in einen »dritten Sektor« des Wirtschaftslebens – wodurch es seine Fruchtbarkeit gerade *für* dieses Wirtschaftsleben einbüßt. Fruchtbar wird sich nur ein solches Geistesleben entwickeln, bei dem nicht nur der Geistesarbeiter für sich selber seine Freiheit fordert, sondern bei dem zugleich die Freiheit seiner Mitmenschen der Weg ist, auf dem er sein Einkommen aus dem Wirtschaftsleben bezieht, d.h. aber: wenn die Mittel in Zukunft nicht mehr vom Staat als Steuer abgeschöpft und umverteilt werden, sondern in der Verfügungsgewalt der Menschen bleiben und vom jeweils interessierten oder involvierten Personenkreis, also z.B. von den Studierenden, frei geschenkt werden können.

Ob man dabei an direkte Zahlungen, einen Bildungsgutschein oder an etwas anderes denkt, ist sekundär. Entscheidend ist, dass der Geist sich im freien Urteil der Menschen, von denen er leben will, spiegeln muss. Das ist das Qualitätsmanagement, auf welches alles Geistige in Wahrheit angewiesen ist. Wenn die Grundeinkommensbefürworter von der Vorstellung, Maschinen erübrigten körperliche Arbeit, ableiten, die somit arbeitslos gewordenen Menschen wären nunmehr zu »kreativen und kurativen Tätigkeiten« berufen, so ist das eine Verunglimpfung gerade der geistigen Tätigkeiten. In Wahrheit ist kein Mensch ein

Künstler dadurch, dass er sich selber für einen solchen hält; niemand ist ein Lehrer, der nicht von Kindern, Eltern und Kollegen als ein solcher geschätzt wird; niemand ein Forscher, der nicht ganz bestimmte Fähigkeiten mitbringt usw. Wenn zum Beispiel auf Grundlage von Hartz IV in Kindergärten »Erzieher« beschäftigt werden, deren Qualifikation vorrangig darin besteht, in ihrem erlernten Beruf keine Arbeit zu finden, so ist das ein Verbrechen an den Kindern. Zu den »kreativen und kurativen Tätigkeiten« wird man nicht dadurch berufen, dass einem der anonyme Steuerzahler ein Einkommen gewährt, sondern nur dadurch, dass man die unmittelbare Anerkennung der konkreten Menschen gewinnt, auf die man seine Fähigkeiten anwenden will. Erst wenn Freiheit in diesem Sinn als Freiheit des Anderen verstanden wird und sich mit dem Begriff der Verantwortung verbindet, wird sie ein Mittel der Sozialgestaltung. Ein freies Geistesleben wird den Menschen, die es durch die Arbeit ihrer Hände ermöglichen, Rechenschaft ablegen müssen. Dies ist nur möglich, wenn der Geistesarbeiter seine Mittel weder durch das anonyme (und deshalb mit Normen verknüpfte) Steueraufkommen, noch durch den »Verkauf« seiner Erzeugnisse, sondern *unmittelbar* von den konkreten Menschen bezieht, die ihn wahrnehmen und anerkennen können – und die ihn deshalb bewusst freistellen. Allein auf diesem Weg könnte der Geistesarbeiter auch selbst frei werden, während eine vermeintliche »Freistellung« durch ein bedingungsloses Grundeinkommen zu seiner Freiheit tatsächlich gar nichts beitrüge.

Insbesondere die anthroposophischen Förderer der Grundeinkommensbewegung beziehen sich gerne auf Joseph Beuys und seinen Ausspruch: »Jeder Mensch ein Künstler«. Wenn das Wort »Künstler« aber als »Berufs-Künstler« im Sinne der Arbeitsteilung interpretiert wird, bedeutet dieser Ausspruch die Vernichtung der Kunst. Lebenspraktisch ist er nur – so hat ihn Beuys verstanden – als Hinweis auf die höhere

Natur des Menschen. Wer nämlich diese höhere Natur ins Auge fasst, wird zugeben müssen, dass jede Arbeit im ökonomischen Sinn einseitig ist. Durch die Spezialisierung der arbeitsteiligen Wirtschaft kann also kein Mensch innerhalb der Arbeitszeit seine volle Menschenwürde entfalten. Gerechtfertigt ist dieses Einseitig-Werden nur, weil es zur Bereitstellung der Waren notwendig ist. Soll außerdem auch die höhere Menschennatur zu ihrem Recht kommen, muss die Gemeinschaft die Zeit, die der Einzelne dem Wirtschaftsleben dient, begrenzen und die »niedere« Arbeit solidarisch tragen. Bei einer entsprechenden Begrenzung der Arbeitszeit kann jeder Mensch die Zeit finden, neben der Arbeit seinen rein menschlichen Impulsen zu folgen. Das ist aber wiederum nur möglich, wenn niemand das Recht hat, sich selbst zum Berufs-Künstler zu ernennen. Er verlangt dann nämlich nichts anderes, als dass andere die entsprechende »niedere« Arbeit für ihn übernehmen, also weniger Künstler sind.

Daraus folgt nicht, dass es in einer freiheitlichen Gesellschaft keine Berufs-Künstler geben, sondern nur, dass das dafür notwendige Einkommen nicht durch Steuerzwang bereitgestellt werden kann. Auf geistigem Gebiet lautet die soziale Frage somit anders als auf dem Gebiet des Wirtschaftslebens. Im Hinblick auf dieses wurde oben formuliert: Wie können Verhältnisse geschaffen werden, in denen der Einzelne den Sinn seiner Arbeit dem sozialen Zusammenhang entnehmen kann? Im Hinblick auf das geistige Leben muss nun formuliert werden: Wie bilden wir Beziehungsformen von Individuum zu Individuum, durch welche wir uns gegenseitig in unseren individuellen Impulsen erkennen und anerkennen können, sodass der Einzelne die Stellung im sozialen Zusammenhang findet, die ihm wirklich entspricht?

Vom Vorrechte-System zu einer menschenwürdigen Wirtschaft

Es gibt einen Zwang zur Arbeit, der in der Natur der arbeitsteiligen Wirtschaft begründet ist. Wie kann dieser von der Gemeinschaft so getragen werden, dass er keinen Widerspruch zur Freiheit darstellt? Was sind die sozialen Konsequenzen, wenn der »freie Geistesarbeiter« nicht mehr nach den Bedingungen seines Einkommens fragen muss? Im ersten Kapitel dieser Schrift wurde gezeigt, dass Wirtschaft und Freiheit nur miteinander zu vereinbaren sind, wenn die vorhandene Gesamtarbeitszeit so geteilt wird, dass jeder neben der Arbeit noch seinen geistigen Impulsen folgen kann. Im Folgenden wird nun erläutert, warum dies nicht im Interesse vieler Kapitaleigentümer liegt. Sie benötigen die Spaltung der Gesellschaft in Arbeitslose und Arbeitende für den eigenen Machterhalt – und treiben gerade deshalb die Einführung eines bedingungslosen Grundeinkommens voran.

Die Entsorgung der Arbeitslosen

Es ist nachvollziehbar, warum Kapitalbesitzer aus dem Silicon Valley den technologischen Fortschritt so betrachten wollen, als würde die Technologie nicht die Arbeitszeit insgesamt reduzieren, sondern einzelne Menschen überflüssig machen – beruht doch ihre Macht auf genau diesem Paradigma. Weil aufgrund der Digitalisierung in Zukunft nicht mehr genug Arbeit für alle vorhanden sei, müssten diejenigen, die keine Arbeit fänden, auf humane Weise ernährt werden. Die Grundeinkommensbewegung folgt dieser Logik und spricht von einem »Ende der Vollbeschäftigung«. Dass damit nun »Arbeitnehmer« die Rechtfertigung ihrer »Arbeitgeber« übernehmen und als Heilslehre feiern, ist das Ergebnis der Erziehung durch das System der Erwerbsarbeit. Scheinbar erlebt man ja selbst, wie Menschen durch Maschinen ersetzt werden, wenn man nämlich vom »Arbeitgeber« entlassen oder nicht angestellt wird in seinem erlernten Beruf, weil Maschinen die in dem betreffenden Bereich benötigte Anzahl arbeitender Menschen reduzieren.

Dennoch beruht dieser vermeintliche Beweis für das »Ende der Vollbeschäftigung« auf einer Täuschung. Man übersieht einerseits, dass die Automatisierung und Digitalisierung an sich noch keine Menschen arbeitslos macht, sondern erst die eigentumsrechtliche Zuordnung dieser Errungenschaften zu eben jenen Konzernen. Wenn innerhalb eines geschlossenen Wirtschaftsgebiets für die Bereitstellung der benötigten Konsumgüter insgesamt x Arbeitsstunden pro Tag aufgewendet werden müssen, gibt es weder eine *technische* noch eine *ökonomische* Erklärung dafür, warum diese Zahl x nicht durch die Anzahl der arbeitsfähigen Menschen in jenem Gebiet geteilt wird. Dass die einen 12 Stunden arbeiten müssen, und die anderen gar nicht arbeiten dürfen, hat keine technischen Ursachen, sondern resultiert aus unseren Rechtsverhältnissen, insbesondere aus dem Eigentumsrecht und der gegenwärtigen Arbeitszeit-Regelung. Andererseits werden durch die Rationalisierung der betreffenden Branchen andere arbeitsintensive Produktions- und Dienstleistungszweige erst möglich, die wiederum Teil derselben arbeitsteiligen Wirtschaft sind, sodass hier wieder Arbeitsplätze entstehen.

Befürworter eines bedingungslosen Grundeinkommens verweisen gerne auf das Grundeinkommensexperiment in Finnland. Weniger bekannt ist hierzulande das Gegenexperiment des Nachbarlandes: Schweden testete parallel zum finnischen Versuch die Einführung des 6-Stunden-

Arbeitstages.[1] Das Experiment wurde von manchen deutschen Zeitungen als Misserfolg dargestellt – auf Grund eines Effekts, den man sich leicht vorher hätte ausrechnen können: Für weniger Arbeitsstunden dasselbe Gehalt zu bezahlen und somit mehr Mitarbeiter anstellen zu müssen, war für die beteiligten Arbeitgeber teurer. Andererseits aber sank in Schweden dadurch, ebenso vorhersehbar, die Arbeitslosenquote. Beide Gesichtspunkte muss man natürlich zusammenbringen, und dieser Art noch weitere, um ein Bild des gesamtwirtschaftlichen Effekts einer Arbeitszeitverkürzung zu gewinnen. Aus rein betriebswirtschaftlicher Perspektive macht eine Arbeitszeitverkürzung vielleicht keinen Sinn; gesamtwirtschaftlich, d.h. im Hinblick auf den Wohlstand aller Beteiligten, aber sehr wohl.

Statt die individuellen Arbeitszeiten an die vorhandene Gesamtarbeitszeit anzupassen, wollen Grundeinkommensaktivisten und Tec-Investoren nun das »Ende der Vollbeschäftigung« besiegeln – mit Hilfe eines staatlich garantierten Minimal-Einkommens. Das wäre eine durchaus folgerichtige Fortsetzung der gegenwärtigen Fehlentwicklung. Und zwar weniger wegen der (scheinbar) höheren Kosten kürzerer Arbeitszeiten, sondern vor allem deshalb, weil bei einer Vollbeschäftigung das wichtigste Werkzeug des Lohndumpings verloren ginge: die Spaltung der Gesellschaft in Arbeitende und Arbeitslose. Schließlich macht erst die Verknappung der Arbeitsplätze die Arbeitskraft zur billigen Ware. Die Einführung eines bedingungslosen Grundeinkommens – zumindest in den führenden Industrienationen – scheint aus dieser Perspektive daher nicht ganz unrealistisch. So rechnet zum Beispiel Tesla-Chef Elon Musk fest damit.[2] Musk hat 5 Milliarden Dollar Steuersubventionen erhalten, ist mit einem Privatvermögen von 20 Milliarden

1. www.taz.de/!5459426/
2. www.businessinsider.com/elon-musk-universal-basic-income-2017-2?IR%20=%20T&IR=T

Dollar einer der 100 reichsten Menschen dieser Erde und Chef von etwa 13.000 Untergebenen. Seinen amerikanischen Festangestellten bezahlt Tesla für das Zusammenschrauben des Schöne-Neue-Welt-Autos immerhin etwa 15 € brutto in der Stunde, bei einer wöchentlichen Arbeitszeit von bis zu 72 Stunden. Zu seiner Unterstützung für das bedingungslose Grundeinkommen merkt er an: »Ich möchte klarstellen: Das sind keine Dinge, die ich mir wünsche, sondern Dinge, von denen ich denke, dass sie wahrscheinlich passieren werden«.[3] Einen Schritt weiter geht Y Combinator, der größte Inkubator im Silicon Valley. Y Combinator versammelt Talente aus der ganzen Welt, versorgt sie mit Risiko-Kapital (bislang 1.464 Unternehmen), um dann die erfolgversprechendsten Start-Ups, gemeinsam mit anderen Private-Equity-Fonds wie z.B. Sequoia-Capital (Apple, Google, Youtube), zu Welt-Konzernen zu formen – und im Gegenzug die Eigentumsrechte an deren Technologien zu erwerben. Offen bekunden die Risiko-Kapitalisten dabei ihre Hoffnung, letztendlich so viele »disruptive technologies« wie möglich zu entwickeln, d.h. bestehende Infrastrukturen zu zerstören und neue, rationellere an deren Stelle zu setzen.[4] Am Beispiel Amazon: Man will nicht nur eine Firma besitzen, sondern den Markt als solchen, weil man so neue Abhängigkeiten schafft, denen sich niemand entziehen kann. Diese Abhängigkeiten ermöglichen dann, unabhängig von den tatsächlichen Kosten oder den tatsächlich erbrachten Leistungen Abgaben für die Nutzung der Infrastruktur bzw. für die Teilnahme am Markt zu verlangen. Das ist eine Renaissance mittelalterlicher Rechtsinstitute im Kleid kalifornischer »Hipster«, und als solche eine der Hauptursachen der Arbeitslosigkeit.

---

3. ebd.
4. Christopher Kees: Silicon Valley: Was aus dem mächtigsten Tal der Welt auf uns zukommt, München 2014, S. 133f.

Nun wollen die Kalifornier das bedingungslose Grundeinkommen einführen. Y Combinator gibt bereits ein kleines Vermögen dafür aus. Warum? Weil die »Automation« immer mehr Menschen überflüssig mache. Gegenwärtig läuft die erste Testphase: 1.000 zufällig ausgewählte Personen erhalten von Y Combinator für 5 Jahre monatlich 1.000 Dollar – bedingungslos. Das ist aber erstmal nur ein Test, um Informationen über die psychologischen Wirkungen zu sammeln. Unklar sei ihm nämlich, so Firmenchef Sam Altman, ob durch ein bedingungsloses Grundeinkommen »das Netto-Glück der Leute vermehrt werde, oder ob wir hinsichtlich Sinn und Erfüllung doch abhängig sind von unserer Arbeit«.[5] Falls der Test die erhofften Antworten liefert, soll das bedingungslose Grundeinkommen in Zusammenarbeit mit den US-Behörden landesweit getestet werden.

Die Einführung eines bedingungslosen Grundeinkommens wäre ein genialer Coup für die Tec-Investoren: Nicht die Kapitalbesitzer, sondern das Volk besiegelte damit die privatrechtliche Verwertung des technischen Fortschritts. Die breite Masse würde dauerhaft vom Zugang zu Kapital und Produktionsmitteln ausgeschlossen, bejubelte diesen Vorgang aber als »Freiheit statt Vollbeschäftigung«. Für die Abhängigen eines bedingungslosen Grundeinkommens käme allerdings schnell die Ernüchterung: Die Möglichkeit, der eigenen Arbeit einen Sinn zu geben, wäre gänzlich verloren. Denn von jenem Zugang zu Kapital und Produktionsmitteln (und nicht etwa davon, was man »tun würde, wenn für das Einkommen gesorgt wäre«) hängt die Möglichkeit ab, Arbeit mit sozialer Relevanz zu verrichten und die gesellschaftlichen Verhältnisse mitzubestimmen. Ohne Zugang zu Kapital und Produktionsmitteln wird der Mensch zum reinen Konsumenten degradiert und aus dem sozialen Leben ausgeschieden. Mit Hilfe seines Grundeinkom-

5. www.businessinsider.de/y-combinator-basic-income-test-2017-9?r=US&IR=T

mens hätte er dann selbstverständlich (sofern es zum Leben ausreichen würde) die »Freiheit«, irgendetwas zu tun; er könnte seinen Garten umgraben, ein Gedicht schreiben oder was auch immer. Das wäre dann allerdings ökonomisch irrelevant. Arbeit wird erst in dem Augenblick soziale Arbeit, da sie in der richtigen Weise den Bedürfnissen anderer Menschen dient, d.h. eingeschaltet ist in den weltweiten, arbeitsteiligen Prozess, und so diejenigen Wertverhältnisse schafft, die Konsum, also Einkommen ermöglichen.

Entscheidend ist in gesellschaftlicher Beziehung nicht, wie der Einzelne seine Tätigkeit bestimmt, sondern wie weit er die Möglichkeit findet, die Arbeit umgekehrt vom arbeitsteiligen Wirtschaftsprozess bestimmt sein zu lassen. Hierfür ist er jedoch angewiesen auf Werkzeuge, die sich u.a. im Besitz von Altman & Co. befinden. Das ist denen durchaus bewusst. Es geht beim bedingungslosen Grundeinkommen eben um die Frage, was mit all jenen arbeitsfähigen Menschen angestellt werden soll, die aufgrund der eigentumsrechtlichen Zuordnung von Kapital und Technologie aus der Gesellschaft ausgeschieden werden – und gleichzeitig die Kosten für den Unterhalt derjenigen, die nicht arbeitsfähig sind, zu minimieren. Indem man sämtliche Sozialleistungen durch ein bedingungsloses Grundeinkommen ersetzt, schlägt man zwei Fliegen mit einer Klappe. Sozial wäre dagegen, denjenigen, die nicht mitarbeiten können, ein wesentlich höheres Einkommen als ein Grundeinkommen zu gewähren, und andererseits diejenigen, die arbeitsfähig sind, in die Position zu bringen, an der Gesellschaft wirklich mitarbeiten zu dürfen. Dem stehen allerdings die partikularen Interessen derjenigen gegenüber, die sich auf Grund der gegenwärtigen Rechtsverhältnisse als Arbeitsplatzbesitzer betrachten können. Aus deren Perspektive rechnet es sich nämlich, wenn die eine Gruppe viele Stunden täglich am Produktionsmittel arbeitet, während die andere an dieser Arbeit gar nicht teilnimmt, sondern durch ein staatliches

Grundeinkommen notdürftig ernährt wird und zudem die Frage nach dem gerechten Unterhalt für diejenigen, die nicht arbeitsfähig sind, das Rentenalter erreichen, sich weiterbilden möchten usw. ganz entfällt.

Die Überwindung der Erwerbsarbeit

Das System der Erwerbsarbeit kennt zwei mögliche Motive zur Arbeit: Entweder der Mensch arbeitet für das, was er *nach* seiner Arbeit bekommt, also für den Lohn, oder aber er will sich *innerhalb* seiner Arbeit selbst verwirklichen. Die Bewegung für ein bedingungsloses Grundeinkommen übernimmt dieses Paradigma und treibt es auf die Spitze, indem sie einerseits den Begriff der Arbeit neu definiert als das, was einem selber sinnvoll erscheint, und andererseits das bedingungslose Grundeinkommen als Druckmittel betrachtet, um von den Kapitalbesitzern höhere Löhne für die »Drecksarbeit« zu fordern (ob wirklich Letzteres eintreten oder der Druck nicht eher in die andere Richtung wirken würde, sei vorerst dahingestellt).

Beide Antriebe, Selbstverwirklichung und höherer Lohn, sind jedenfalls egoistische Motive – egoistisch in dem Sinn, dass in beiden Fällen der Antrieb in einer Bereicherung des Ich liegt: als materielle Bereicherung (Lohn) bzw. als seelische Bereicherung (Sinnerfüllung). Dass man die vermeintliche Aussicht auf eine Lohnerhöhung als »Überwindung der Erwerbsarbeit« verkaufen kann, ist natürlich kurios. Jedenfalls glaubt die Bewegung für ein bedingungsloses Grundeinkommen demnach nicht daran, der Mensch könne durch etwas anderes als durch Egoismus zur Arbeit motiviert werden.

Es gibt aber noch ein drittes Motiv – und auf dieses müsste man zu bauen bereit sein, um das System der Erwerbsarbeit tatsächlich zu überwinden. Man müsste dazu allerdings unmittelbar auf jene Ideale eingehen, mit denen die Grundeinkommensbewegung lediglich eine staatliche Geldanweisung schmackhaft machen will. Das heißt, man würde zunächst davon ausgehen, dass der Mensch nicht nur über egoistische, sondern auch über soziale Antriebe im eigentlichen Sinn des Wortes verfügt, sodass man sich vorstellen könnte, er würde, wenn sein Einkommen gesichert sei, weder nach einer Lohnerhöhung als Entschädigung für die »Drecksarbeit«, noch nach Selbstverwirklichung innerhalb der Arbeitszeit streben, sondern *innerhalb* der Arbeitszeit *den anderen* Menschen zu verwirklichen suchen, d.h. dessen Bedürfnisse befriedigen und »Drecksarbeit« verrichten. Die »Drecksarbeit« wäre selbst das unmittelbare Motiv, weil der Wert der Arbeit nicht an dem gemessen würde, was man durch die Arbeit für sich selbst gewinnt, sondern welchen konkreten Wert sie für die leiblichen Bedürfnisse der Menschheit über die Erde hin besitzt. Nicht Egoismus, sondern Altruismus würde den Menschen zur Arbeit anspornen.

Wer das für utopisch hält, dem fehlt der Kontakt zum sogenannten »einfachen« Volk, zu genau jenen Menschen, deren Rechtsgefühl sich durch die Ansprüche der Grundeinkommensbewegung oftmals verletzt zeigt. Bei diesen Menschen kann man Altruismus nämlich wirklich erleben, auch wenn er durch allerlei egoistische Motive überdeckt sein mag. Man kann z.B. im »produzierenden Gewerbe« schlimme Dinge beobachten, angefangen bei der Existenzangst der Beschäftigten bis hin zu Drogenmissbrauch während der Arbeitszeit. Aber man kann auch noch etwas anderes beobachten: Die Menschen bemessen den Sinn ihrer Arbeit eben nicht nur am Lohn und schon gar nicht an irgendeiner »Erfüllung«, sondern gerade daran, welchen Wert das Endprodukt für andere Menschen darstellt. Sie sind in aller Regel stolz darauf, für eine gewisse Zeit des Tages nicht selbstbestimmt zu handeln, sondern ihr Handeln durch die Notwendigkeiten des gesellschaftlichen Lebens bestimmt sein zu lassen. Natürlich kämpft jeder ums Überleben, und niemand würde von sich behaupten, er werde ohne Aussicht auf Lohn noch zur Arbeit erscheinen. In der Hitze, in all dem Dreck und Gestank kann keiner Sinn oder Erfüllung finden. Dafür aber lebt das Bewusstsein, dass der Wert der eigenen Arbeit durch die Bedürfnisse fremder Menschen definiert ist, und nicht dadurch, dass ihr noch irgendein darüber hinausgehender »Sinn« für die eigene Persönlichkeitsentfaltung beigemessen wird.

Derselbe Altruismus findet sich in allen Gesellschaftsschichten, und somit auch bei den Mächtigen. Was oben kritisch im Hinblick auf die gegenwärtige Form des Kapitalismus geäußert wurde, ist kein Widerspruch dazu, dass auf der anderen Seite die entgegengesetzten Impulse auch in den Seelen der Kapitaleigentümer leben. Die »öffentliche Meinung« ist diesbezüglich sehr kurzsichtig. Man hält es für ausgemacht, dass sich sämtliche Motive z.B. eines Konzernmanagers irgendwo zwischen der Gier nach materiellem Reichtum und der Schaffung eines persönlichen Denkmals bewegen. Man übersieht wieder das Dritte: Gerade die fähigsten Manager identifizieren sich mit den von ihnen verantworteten Menschenzusammenhängen und ziehen den Sinn ihrer Tätigkeit unmittelbar aus der gedeihlichen Entwicklung dieser Zusammenhänge.

Der Altruismus ist also eine ganz reale Kraft im gesellschaftlichen Leben – nur wird er überall durch die entgegengesetzten Antriebe überlagert. Wenn man nun mit den Idealen der Grundeinkommensbewegung Ernst machen wollte, müsste man zunächst damit beginnen, weder auf den Lohn, noch auf das Streben nach Selbstverwirklichung zu bauen, sondern jenen Altruismus, der gegenwärtig durch die Überlagerung verschiedenster egoistischer Interessen nahezu unkenntlich gemacht wird, praktisch zu fördern. Man müsste volkspädagogisch denken. Das Letzte, worauf man dabei verfallen würde, wäre, die sozialen Empfindungen durch das Anstacheln der Eigeninteressen zu vernebeln, indem man fragte: »Was würdest Du tun, wenn für Dein Einkommen gesorgt wäre?« Man würde vielmehr dem bereits vorhandenen Altruismus unmittelbar praktische Einrichtungen an die Seite stellen, durch die er sich ausleben und verstärken könnte – Einrichtungen, die ermöglichen, den Sinn der Arbeit gerade nicht in der eigenen Seele suchen zu müssen, sondern in ihrer Bedeutung für die Menschheit zu erkennen. Diese praktischen Einrichtungen wären, wie im Folgenden gezeigt wird, u.a. eine zeitgemäße Gestaltung des Eigentumsrechts, eine der Wirklichkeit entsprechende Arbeitszeitregelung, und insbesondere eine Erweiterung der Marktwirtschaft um kommunikative Prozesse, welche die Bedarfsorientierung der Produktion verbessern und das »Lenkungsproblem« lösbar machen.

Trennung von Arbeit und Einkommen

Unser Eigentumsrecht ermöglicht, dass dem Arbeitsplatzbesitzer von vornherein die Arbeitserzeugnisse der arbeitenden Menschen gehören. Er verkauft diese Arbeitserzeugnisse dann am Markt. Vom Erlös gibt er den Erzeugern wiederum etwas ab. Diese durch das Eigentumsrecht erzwungene Aufteilung des Erlöses wird aber nicht als Aufteilung betrachtet, weil ja vorausgesetzt wird: Dem Eigentümer gehört nicht nur das Unternehmen, sondern auch das Endprodukt. So entsteht die Illusion, der Unternehmer würde nicht den Erlös teilen, sondern in einem gänzlich neuen Akt die Arbeitskraft der Erzeuger kaufen. Faktisch kauft er aber nicht Arbeitskraft, sondern die Produkte der Arbeit, um sie dann weiter zu verkaufen. Weil aber der Staat definiert: Das Produkt der Erzeuger ist immer schon im Besitz des Unternehmers, kann der Unternehmer nun das Teilungsverhältnis des Erlöses alleine bestimmen – und schafft so die Illusion vom Warencharakter der Arbeit. Der arbeitende Mensch ist dadurch vom Ziel der eigenen Arbeit abgeschnitten und muss sich stattdessen am »Lohn« orientieren, den er von seinem Arbeitsplatzbesitzer erhält. Damit stellt sich neben den Warenmarkt ein zweiter »Markt«: der sogenannte »Arbeitsmarkt«. Der Arbeitsplatzbesitzer erscheint auf diesem (Schein)-Markt als »Arbeitgeber«, und der tatsächliche Arbeit-Geber, der arbeitende Mensch also, demgegenüber als »Arbeitnehmer«. Letzterer »nimmt« schließlich die Erlaubnis, zu arbeiten, vom Arbeitsplatzbesitzer. Weil der Arbeitsplatz zugleich Einkommensplatz ist, entwickelt der arbeitende Mensch ein vom Arbeitsziel losgelöstes Interesse am »Erhalt« des eigenen Arbeitsplatzes. Es entsteht die groteske Situation, dass der Mensch für die Arbeit als solche kämpfen muss, unabhängig von ihrem Sinn.

An sich hat die Arbeit jedoch keinen Sinn. Sie erhält ihn erst durch das Bedürfnis, dem sie jeweils dient. Solange man die Arbeit selbst wie eine »Ware« betrachtet und folglich um den »Preis« dieser vermeintlichen Ware feilschen muss, wird diese Tatsache verschleiert. Der Lohnkampf, d.h. der Egoismus, wird zur treibenden Kraft der Wirtschaft gemacht. Man muss erst die Konstruktion unseres gegenwärtigen Eigentumsrechts durchbrechen, wenn die realen, *rein ökonomischen* Zusammenhänge sichtbar werden sollen. Dann gibt es nämlich niemanden mehr, dem man seine »Arbeit« verkaufen könnte. Man hat es vielmehr bei jedem Betrieb mit einem Beziehungsgeflecht zusammenarbeitender Menschen zu tun, von denen jeder eben seine Leistung einbringt. Da man somit niemandem seine Arbeit verkaufen und folglich auch von niemandem einen Lohn fordern kann, wird man nun zweierlei Verträge zu schließen haben: einen Vertrag über Leistung und Gegenleistung im realen Sinn (»Ich löte die Platinen zusammen, Du leitest den Betrieb unternehmerisch etc.«), und einen zweiten Vertrag über die Aufteilung des gemeinschaftlich erwirtschafteten Ertrags. Es wird also nicht »Arbeit« gegen Geld getauscht, sondern Leistung gegen Leistung. Das ist ohnehin immer schon der reale Vorgang gewesen – nun werden ökonomische Realität und Vertragsgeschehen erstmals zur Deckung gebracht.

Dadurch rückt die Sache selber, d.h. das Produkt, respektive die Befriedigung der Bedürfnisse anderer Menschen, in den Mittelpunkt der Arbeit. Zugleich verliert der arbeitende Mensch das Interesse am Erhalt seines Arbeitsplatzes. Sobald das Einkommen nämlich in seiner ökonomischen Wirklichkeit erlebt wird, d.h. als Quotient der Gesamtproduktion, zu der man durch die eigene Arbeit beiträgt, muss der arbeitende Mensch gerade anstreben, dass Arbeitsplätze nur dort entstehen, wo sie den Konsumverhältnissen entsprechen, und dort wieder verschwinden, wo sie es nicht mehr tun. Arbeitsplätze, die nicht durch die weltwirtschaftliche Gesamtlage gerechtfertigt sind, mit Hilfe von Steuermitteln künstlich zu erhalten, oder gar mittels eines Grundeinkommens ganz von der Nachfrage zu entkoppeln, damit die Arbeit um ihrer selbst willen verrichtet würde, ist der Inbegriff der Sinnlosigkeit.

Selbstverständlich hat jeder ein Interesse an einer größtmöglichen Sicherheit seines Einkommen, unabhängig davon, an welcher Stelle im Wirtschaftsorganismus es verdient wird. Eine solche Einkommenssicherheit kann in einer arbeitsteiligen Wirtschaft jedoch gerade nicht durch das künstliche Aufrechterhalten nicht nachgefragter Tätigkeiten erreicht werden, sondern nur dadurch, dass jeder seine Tätigkeit an der Bedarfslage ausrichtet, für die wiederum das Preisgeschehen ein wichtiger Indikator ist. Gelingt dies, so hat jeder einfach dadurch ein Einkommen, dass er immer genau an die Stelle im Wirtschaftsorganismus kommt, an der er am besten für die Befriedigung der Bedürfnisse der anderen wirken kann. Niemand wird für sich, sondern jeder für den anderen arbeiten – wodurch jeder über ein »Grundeinkommen«

verfügt, unabhängig von der Art seiner aktuellen Tätigkeit. Das heißt aber: Arbeit und Einkommen wären getrennt.[6]

Wer in diese Richtung weiterdenken will, wird auch über das Konzept der sozialen Marktwirtschaft hinausgehen müssen. Dieses Konzept rechnet allerdings in einem Punkt bereits mit den Gesetzmäßigkeiten der arbeitsteiligen Weltwirtschaft, sofern es nämlich die Preisbildung auf einem »Markt« nach dem Gesetz von Angebot und Nachfrage anerkennt. Der Fehler der sozialen Marktwirtschaft liegt nicht etwa darin, dass sie jenes Gesetz wirken lassen oder es gar »zu wenig« regulieren möchte, sondern darin, dass sie es bisher weder in seiner ganzen Dimension durchschaut, noch in seinen naturgemäßen Zusammenhang einordnen kann. Der sogenannte »Marktmechanismus« beschreibt tatsächlich nur einen Ausschnitt der gesetzmäßigen Zusammenhänge des Marktgeschehens. Um bewusstseinsmäßig in den Wirtschaftsprozess einzudringen, wird man einerseits diese Zusammenhänge zu vertiefen, andererseits den Markt von Fremdeinflüssen zu befreien haben, welche ihn gegenwärtig korrumpieren und die Preisbildung verzerren. Wie das gehen kann, wird im Folgenden erörtert.

Der Zusammenhang von Einkommen und Arbeit

Man stelle sich vor, die Zellen eines menschlichen Organismus wären mit Bewusstsein ausgestattet. Der Körper würde jedoch wie ein Spiegel wirken, sodass die Zellen zwar sich selbst, nicht jedoch den Organismus und die eigene Bedeutung für denselben wahrnehmen könnten. Das Schicksal des Organismus hinge nun davon ab, inwieweit im individuellen Bewusstsein jeder einzelnen Zelle ein Bild des Gesamtprozesses

6. Vgl. Stephan Eisenhut: Das soziale Hauptgesetz und die Finanzierung der freien geistigen Arbeit, in: die Drei 6/2017, S. 64f.

auflebte, damit jene ihre Tätigkeit wiederum, nun aber von sich aus, am Organismus orientieren und so letztendlich auch das eigene Überleben sichern könnten. Solange die Möglichkeit dazu nicht gefunden würde, wären die Zellen zurückgeworfen auf ihre subjektive Befindlichkeit und müssten den »Sinn« ihrer Tätigkeit gewissermaßen aus sich selbst heraus konstruieren. Dadurch würde der Organismus krank. An einigen Stellen würden sich krebsartige Geschwüre bilden, an anderen dagegen Organe unterversorgt und absterben. – Durch einen solchen Vergleich kann vielleicht die Natur der »Einkommensfrage« verständlich werden. Sofern der Mensch eines Einkommens bedarf, spielt sich im sozialen Organismus nämlich etwas ganz ähnliches ab. Der Mensch lebt durch den Weltwirtschaftsorganismus. Letzterer ist jedoch seinerseits abhängig davon, dass der Mensch die eigene Tätigkeit in der Zeit, während er vom Organismus lebt, wiederum in denselben einzugliedern vermag. Das kann er aber nicht ohne weiteres. Der arbeitende Mensch weiß nämlich zunächst nur, dass er diesen Boden wischt, diesen Hebel betätigt, dieses Brötchen backt, dieses Bild malt oder dieses Kind unterrichtet. Er durchschaut nicht, wie sich die eigene Arbeit in den weltwirtschaftlichen Gesamtprozess hineinstellt, wie die von ihm erzeugten Werte in Wechselwirkung mit anderen Werten treten, inwiefern also die eigene Leistung tatsächlich ein Lebensprozess in einem einheitlichen, die Welt umspannenden Organismus ist. Plötzlich erscheint es beliebig, ob er in einem Moment nun gerade diese oder eine ganz andere Tätigkeit verrichtet.

Es ist aber nicht beliebig. Als noch Selbstversorgung herrschte, konnte der Mensch den realen Zusammenhang zwischen Einkommen und Arbeit unmittelbar einsehen: Da musste er, um seinen Durst zu stillen, zum Brunnen gehen. Der Sinn der Arbeit war also durch das Bedürfnis objektiv gegeben. Es war sinnlos, darüber irgendeine persönliche Meinung zu haben. In einer arbeitsteiligen Wirtschaft wird nun die

Arbeit, die beispielsweise zur Löschung des Durstes führt, in vielfältige Einzelprozesse zerlegt, geteilt und wieder zusammengeführt. Der Sinn der Arbeit ist jedoch derselbe geblieben. Nur ist er aufgrund der Teilung für den Einzelnen jetzt nicht mehr unmittelbar wahrnehmbar. Um den Sinn erfassen zu können, ist nun eine *über das persönliche Blickfeld erweiterte* Wahrnehmung nötig, welche das komplizierte Geflecht der arbeitsteiligen Weltwirtschaft abbildet.

Für eine solche Wahrnehmung, die allein den »Sinn« der Arbeit geben kann, bietet sich dem Bewusstsein gegenwärtig nur ein Anhaltspunkt: der sogenannte »Marktmechanismus«. Sofern das individuelle Einkommen von dem Preis, den die jeweilige Leistung auf dem Markt erzielt, abhängt, kann sich das »Angebot« an der »Nachfrage« orientieren. Das Preisgeschehen ist also der Prozess, der sich, in der richtigen Weise gegriffen, zu einem »Wahrnehmungsorgan« für die Vorgänge im Weltwirtschaftsorganismus verdichtet. An dieser Stelle setzte deshalb z.B. auch Rudolf Steiner, den einige der prominentesten Grundeinkommensbefürworter zu Unrecht als Leumund heranziehen, mit seinem Konzept der »assoziativen Wirtschaft«[7] an. Allerdings wird man kaum über eine weitere Ausbildung dieses »Wahrnehmungsorgans« nachdenken können, ohne darauf aufmerksam zu werden, welche »Verzerrungen« bereits gegenwärtig seine gesunde Tätigkeit trüben.

Die Manipulation des Tauschverhältnisses

Die Verzerrungen kommen im Wesentlichen dadurch zustande, dass auf dem Markt auch solche Dinge wie Waren gehandelt werden, die faktisch keine Erzeugnisse des Wirtschaftslebens sind. Der staatliche

7. Weiterführende Literatur zum Thema »Assoziative Wirtschaft« findet sich in der gleichnamigen Rubrik unter www.dreigliederung.de/themen/assoziativewirtschaft

Schutz für die freie Verfügung über Produktionsmittel und Kapital etwa beruht seinerseits nicht auf menschlicher Arbeit, sondern konstituiert sich außerhalb des Wirtschaftsprozesses als Recht, z.B. durch einen demokratischen Prozess. Wenn nun dieser staatliche Schutz seinerseits wie eine Ware betrachtet wird, d.h. auf dem Markt etwa in Form von Aktien den Erzeugnissen menschlicher Arbeit gegenübergestellt wird, ist das Gesetz von Angebot und Nachfrage ausgehebelt. Ein Beispiel: Größter Anteilseigner der 30 größten deutschen Unternehmen, darunter Siemens, Bayer Chemie, Telekom u.a., ist die weltgrößte Schattenbank mit dem mysteriösen Namen BlackRock. BlackRock ist mit einer Beteiligung von fast 60 Milliarden an sämtlichen DAX-Unternehmen der größte Arbeitsplatzbesitzer in Deutschland, mit knapp 35 Milliarden folgt auf Platz 2 die Bundesregierung, und auf Platz 3 und 4 folgen dann die Familie Merck und der Private Equity-Fonds Vanguard.[8] BlackRock verwaltet im Wesentlichen die Gelder amerikanischer Pensionskassen, öffentlicher Einrichtungen und Versicherungen. Wer heute eine Waschmaschine von Siemens kauft, bezahlt mit dem Preis also nur zum Teil die Waschmaschine. Insofern ist der Preis durchaus Ausdruck dessen, was in der Produktionskette konsumiert werden muss, also eine Nachfrage der Produzenten. Zu einem weit größeren Teil aber werden über den Preis dieser Waschmaschine Zusammenhänge finanziert, die mit einer Waschmaschine nichts zu tun haben. Das könnte z.B. die Rente der Polizei von New York sein, eine amerikanische Universität, oder die Lebensversicherung von Frau XY aus Nürnberg. Und die Produktionskette ist wiederum von ähnlichen Prozessen durchzogen, d.h. über den ganzen Produktionsprozess bis hin zur fertigen Maschine wird der Preis aufgebläht.

---

8. www.wiwo.de/finanzen/boerse/investoren-wem-gehoert-der-dax/19775016.html

Dadurch verliert der Preis seine »Thermometer«-Funktion für die Wirtschaft. Ein relativ hoher Preis einer Ware im Verhältnis zu anderen Waren wäre unter rein marktwirtschaftlichen Bedingungen Ausdruck einer Unterproduktion. Der Markt würde reagieren, das Kapital würde in den entsprechenden Sektor fließen und zu einer Ausweitung der Produktion, d.h. zu einer Verbilligung der Ware führen. Das setzt aber voraus, dass der Preis einer Ware tatsächlich Ausdruck dessen ist, was im Zusammenhang mit deren Herstellung nachgefragt wird. Sobald die Preise Bestandteile enthalten, die in keinerlei Zusammenhang mit der Herstellung der betreffenden Ware stehen, geht sowohl die Indikator-Funktion des Preises als auch der verbilligende Effekt der Investition weitgehend verloren. Es lässt sich nicht mehr beurteilen, ob die Ware »zu teuer« oder »zu billig« ist im Verhältnis zu anderen Waren. Umgekehrt führt der Kapitalzufluss für die vermeintlich teure Ware – sofern das Kapital eben nicht in die Produktion geht, sondern sich mit dem Recht am Produktionsmittel verbindet – gerade nicht zu einer Verbilligung. Dieser Effekt hat z.B. in der Nahrungsmittelkrise von 2007 eine Rolle gespielt und vielen Millionen Menschen das Leben gekostet.[9] Andererseits erscheint ein günstiger Preis gegenüber den durch Rechtsverhältnisse aufgeblähten Preisen schnell als »zu« billig, auch wenn er dies, an der Nachfrage gemessen, tatsächlich nicht ist. Denn der Friseur z.B. muss ja, was er bei der Waschmaschine und so an vielen anderen Stellen für Scheinwerte bezahlt, wiederum in die eigenen Preise einfließen lassen, und so muss es auch der Bauunternehmer usw. Das Ergebnis ist ein vollkommen chaotischer Pseudo-Markt, auf dem die Teilnehmer, unabhängig von ihrem tatsächlichen »Erfolg«, mal hinunter- und mal hinaufkugeln.

9. Vgl. z.B. die Aussagen des Börsenmaklers Dirk Müller vor dem Bundestag am 27. Juni 2011: www.youtube.com/watch?v=MeWelyY33DY

Ein »freier« Markt wäre dagegen ein Markt, der sich frei nach den Gesetzen des Wirtschaftslebens entwickeln könnte und nicht durch das Rechtsleben manipuliert würde, sei es durch den Handel mit Aktien etc., sei es durch die Konstruktion eines »Arbeitsmarkts«. Ein solcher freier Markt wird von Sozialismus und Liberalismus gleichermaßen bekämpft. Der Sozialist will keinen freien Markt, weil er den Staat als Unternehmer betrachtet; der Liberale will keinen freien Markt, weil er das Preisgeschehen durch den Handel mit Rechten zu seinen Gunsten verfälschen möchte. Gerade der Liberalismus fürchtet am allermeisten die »Leistungsgesellschaft«, die er selbst zu propagieren scheint. Zum Schutz althergebrachter Privilegien braucht er einen starken Staat, der zugleich die aus diesen Privilegien erwachsenden sozialen Schäden ausgleicht und das Volk besänftigt – die »soziale Marktwirtschaft«.[10]

Marktwirtschaft 4.0

Angesichts des auch heute noch kaum zu erschütternden Glaubens an die Dogmen der »sozialen Marktwirtschaft« mag es utopisch erscheinen, überhaupt daran zu denken, den Handel mit Rechten auszuschalten und die Preise zu bereinigen. Der entgegengesetzte Weg der Grundeinkommensbewegung, nämlich Einkommen und Warenpreis zu entkoppeln und so die Aussagekraft der Preise endgültig zu vernichten, ist in einer arbeitsteiligen Wirtschaft gleichwohl undenkbar. Denn nicht die abstrakt-moralische Frage, ob der Mensch mit einem Grundeinkommen »selbst« noch einen »Sinn« in der Arbeit »sehen« würde, ist entscheidend, sondern inwieweit er seine Tätigkeit an dem

10. Zur Geschichte der sozialen Marktwirtschaft siehe auch: Johannes Mosmann, Wie kann die Menschenarbeit ihre Bestimmung finden? Die Drei, 6/2010 – diedrei.org/tl_files/hefte/2010/heft6_2010/Mosmann-Bestimmung%20der%20Arbeit.pdf

objektiven Wert der Arbeit überhaupt noch orientieren könnte. Das heißt aber nicht, dass man bei dem Gesetz von Angebot und Nachfrage stehenbleiben muss, sondern nur, dass man in einer arbeitsteiligen Weltwirtschaft hinter dieses nicht mehr zurückgehen kann – zumindest nicht, ohne sich selbst zu vernichten. Erkennt man aber die ökonomischen Gesetzmäßigkeiten an, lassen sich durchaus Wege beschreiben, wie diese in den Dienst der Menschheit gestellt werden können.

Angenommen z.B., es gelänge, das Recht aus der Warenzirkulation herauszunehmen. Dann stünden sich auf dem Markt nicht gegenüber Ware und Recht, sondern Ware und Ware. Das heißt, der Preis wäre Ausdruck der Nachfrage nach solchem Geld, welches unmittelbar für Arbeitseinkommen in der Produktion der betreffenden Ware benötigt wird. Was demgegenüber die Pensionskassen nachfragen, was das Geistesleben nachfragt usw., würde sich als eigenständige Forderung danebenstellen. Dann hätten die Preise eine Aussagekraft, während andererseits die tatsächlichen Kosten z.B. der Altersvorsorge, die heute zu einem großen Teil in Gesellschaften wie BlackRock ausgelagert werden und so den Staatshaushalt künstlich verschlanken, wieder sichtbar würden. Die Marktteilnehmer könnten nun die Preise interpretieren und im Wissen um die realen Auswirkungen ihres Handelns agieren. Im Ergebnis könnte man beurteilen, ob eine Ware, gemessen an der Bedarfslage, »zu« teuer ist oder »zu« billig, und entsprechend die Kapitalströme lenken. Einkommen würde somit immer dort zur Verfügung stehen, wo der Konsum auch tatsächlich die Grundlage für eine Tätigkeit darstellt, die ihrerseits wiederum zu einer entsprechenden Förderung des Organismus beiträgt.[11]

11. Zur Beurteilung der Preisverhältnisse sind allerdings noch weitere Informationen nötig, die wiederum bestimmte Formen der Vernetzung und Methoden der Auswertung erforderlich machen. Genaueres wird hier u.a. noch im Kapitel »Was die Gegenwart fordert« ausgeführt; dies in allen Einzelheiten zu erläutern, ist hier

Bei einem wirklich »freien« Markt hätte man es also weder mit der »unsichtbaren Hand« der liberalen, noch mit der Planwirtschaft der sozialistischen Theorie zu tun. Vielmehr würde die heute noch »unsichtbare Hand« sichtbar, sodass das *Individuum* planvoll handeln könnte. Von Befürworten eines bedingungslosen Grundeinkommens wird gegen solche Bemühungen um eine Weiterentwicklung der Marktwirtschaft oftmals eingewandt, sie seien angesichts der Widerstände in unserer Gesellschaft aussichtslos, wohingegen ein bedingungsloses Grundeinkommen einfach nur beschlossen werden müsste. Das ist zweifellos richtig – taugt aber nicht als Argument. Denn dass die Einführung eines bedingungslosen Grundeinkommens realistisch sei, wird hier überhaupt nicht in Frage gestellt. Die Grundeinkommens-Idee vermag »von selbst« einzuleuchten und eines Tages vielleicht sogar eine politische Mehrheit zu gewinnen. Zudem erhält sie zunehmend Unterstützung von denjenigen, die zu den Privilegierten des gegenwärtigen Systems gehören. In diesem Sinn kann sie realistisch genannt werden. Eine praktikable Arbeitszeitregelung auf den Weg zu bringen, ein modernes Eigentumsrecht zu entwickeln oder das Marktgeschehen transparenter zu gestalten leuchtet dagegen nicht »von selbst« ein, sondern erfordert größte geistige und politische Anstrengungen. Angesichts der vermeintlichen Aussichtslosigkeit solcher Mühen ist es durchaus verständlich, warum immer mehr Menschen lieber daran glauben möchten, dass bereits »eine kleine Änderung in den bestehenden Verhältnissen« [12] Besserung bringen könnte. Es wird aber keine Besserung bringen, sondern die Missstände der Gegenwart verschlimmern, wie unten noch zu erörtern sein wird.

jedoch nicht der Ort. Ausführlichere Darstellungen des Autors finden sich z.B. unter www.dreigliederung.de/themen/assoziativewirtschaft

12. Daniel Häni & Philip Kovce: Was fehlt, wenn alles da ist; Zürich 2015, S. 136

Die unbedingte Voraussetzung für eine Vermenschlichung der Marktwirtschaft ist die Koppelung von Warenpreis und Einkommen. Wenn der Marktpreis für das eigene Erzeugnis nicht mehr ausreicht, um daraus sein nötiges Einkommen zu ziehen, ist das (solange keine verfälschenden Rechtsverhältnisse in Betracht kommen) ein Signal, eine andere Arbeit aufzunehmen, sofern sich nämlich daraus schließen lässt, dass der Bedarf sonst nicht getroffen würde. Könnte man dagegen Warenpreis und Einkommen trennen, würde niemand mehr wissen, wann er für andere, und wann er nur für sich selbst arbeitete. Welchen Preis sollte man für das eigene Produkt ansetzen, wenn man von diesem Preis nicht leben müsste, weil man ein bedingungsloses Grundeinkommen aus Steuermitteln bezieht? Es ließe sich am Preis einer Ware grundsätzlich nicht mehr ablesen, was der Produzent nachfragt, und welche Wertschätzung seine Arbeit tatsächlich erfährt. Gemessen am Bedarf könnte die Arbeit an ganz anderer Stelle gebraucht werden – niemand würde es erfahren, bzw. jeder würde es im Nachhinein an der sich daraus ergebenden Not erleiden. Man würde einfach über alle Branchen hinweg quersubventionieren und könnte niemals diejenige Verteilung der Arbeit auf die Branchen finden, die den realen Bedürfnissen entspräche – niemand würde wirklich für andere, sondern jeder eigentlich für sich arbeiten, wodurch jeder weniger Einkommen hätte.

In Wahrheit fällt das Ideal der Trennung von Arbeit und Einkommen, wie es im Eingang dieser Schrift formuliert wurde, zusammen mit dem Ideal der Koppelung von Warenpreis und Einkommen – dies zu durchschauen, ist zugleich der Weg zu einer Vermenschlichung der Wirtschaft. Statt den Markt weiter zu verzerren, sollte man Verhältnisse anstreben, durch welche der Mensch den Wert seiner Arbeit unmittelbar im Arbeitsergebnis, d.h. in der Befriedigung der Bedürfnisse anderer Menschen finden kann und nicht mehr abseits suchen muss, im Lohn für eine ansonsten als sinnlos erlebte Tätigkeit, oder darin,

»wie sich die Arbeit für einen selber anfühlt«. Dabei stößt man dann auf die eigentlichen Praxisfragen: Wie kann das Preisgeschehen richtig interpretiert und das Kapital entsprechend gelenkt werden? Wie kommt der arbeitende Mensch näher heran an die Bedürfnisse seiner Mitmenschen, wie kann die Produktion z.B. dahin kommen, die Nachfrage bereits vor der Produktion als einen exakt definierten Auftrag zu erkennen? Wie kann die Bank der Zukunft einen Kredit im Wissen um den tatsächlichen Bedarf (welcher allein den Rückfluss sichern kann) vergeben, statt zum Ersatz für diese Erkenntnis auf »Sicherheiten« wie z.B. Grund und Boden auszuweichen und so die Produktion zu verteuern?

Ist Einkommen ein Menschenrecht?

Auf die eine oder andere Art führen alle ökonomischen Verwerfungen zurück auf das Grundproblem der arbeitsteiligen Weltwirtschaft: das Lenkungsproblem, bzw. die richtige Verteilung von Arbeitseinkommen und Ressourcenverbrauch. Dieses ökonomische Problem kann nur ökonomisch, d.h. durch das Austarieren der richtigen Verhältnisse zwischen den Wirtschaftszweigen gelöst werden. Der Weg zu einer Lösung der Wirtschaftsfrage ist gegenwärtig jedoch dadurch verstellt, dass der »moderne« Mensch sich in sozialer Beziehung bislang nur als »Bürger« verstehen kann, d.h., alle Gestaltungsmöglichkeiten auf rechtlichem Gebiet sucht und von hier aus auf die Wirtschaft einwirken will. In der Wirtschaft selbst, als Glied des weltumspannenden Menschheits-Organismus, ist er noch kaum zu Bewusstsein gekommen – hier lenkt bislang noch eine »unsichtbare Hand« seine Geschicke.

Der Nationalstaat soll der unsichtbaren Hand die größten Stücke vom Kuchen für seine Bürger abjagen. Zu diesem Zweck schließen sich die Bürger zusammen und bilden »Parteien« oder andere Formen politischer Interessengemeinschaften. Die sollen dann wiederum Gesetze auf den Weg bringen, die den eigenen Bedürfnissen entgegenkommen. Dasselbe, was er bei anderen als »Lobbyismus« verurteilt, nennt der Bürger, sobald es dem eigenen Einkommen dient, »Demokratie«. Indem somit letztendlich jeder, ob Tagelöhner oder Großaktionär, durch das Recht hindurch auf die Wirtschaft schielt, sehen alle über das Recht hinweg. Ein Sinn für das objektive Recht, welches jenseits jeder möglichen Interessenlage Bestand hat und deshalb allein Inhalt einer echten Demokratie sein kann, ist heute deshalb genau so wenig ausgebildet wie die oben skizzierte Wahrnehmung des objektiven Werts der Arbeit. Ja, man hält es für eine Anmaßung, von einem objektiven Recht überhaupt zu sprechen. Nichtsdestotrotz kündigt sich ein Sinn für das objektive, die nationalen Grenzziehungen überschreitende Recht immer deutlicher an. Zum Beispiel sprechen mittlerweile viele Menschen von einem »Recht auf Nahrung« oder einem »Menschenrecht auf Einkommen«. Das ist natürlich zunächst einfach eine Empfindungs-Tatsache und als solche weder »richtig« noch »falsch«. Um praktische Konsequenzen ziehen zu können, muss diese Empfindung erst an der Wirklichkeit geprüft und so in klare Gedanken überführt werden. Worin liegt nämlich der tiefere Sinn jener Empfindung?

Die physische Existenz des Menschen endet nicht mit seinen für das äußere Auge wahrnehmbaren Körpergrenzen, sondern hängt zusammen mit den Stoffen, welche den Körper aufbauen. Somit entspricht jedem menschlichen Körper eine Grundfläche der Erde, sofern er sich aus den Substanzen aufbaut, die er über die auf der Erde angebauten Nahrungsmittel aufnimmt. Wenn also jedem Menschen ein »Recht auf Leben und körperliche Unversehrtheit« zugesprochen wird, wie es etwa die Verfassung der Bundesrepublik Deutschland festhält, so kann man, ohne über die Verfassung hinauszugehen, präziseren: So wenig, wie es demnach Recht ist, einem anderen den Kopf abzuschlagen, so wenig ist es demnach Recht, ihm die Mittel zu nehmen, durch welche er seine leibliche Existenz erhalten muss.

Rein sachlich kann also zunächst festgestellt werden, dass jeder Mensch mit seiner Geburt eine gewisse Grundfläche der Erde beansprucht. Wollte man nun allerdings diesen Rechtsanspruch, den der Mensch durch seine bloße Existenz stellt, unmittelbar übersetzen auf die äußeren Verhältnisse, dann wäre die Erde aufgeteilt in etwa 8 Milliarden Parzellen Land, denn so viele Menschen leben auf der Erde. Jeder würde auf der von ihm beanspruchten Fläche das Lebensnotwendige erzeugen, wäre also Selbstversorger. Dann gäbe es keine Wirtschaft, denn Wirtschaft entsteht mit der Arbeitsteilung. Nun haben wir aber heute eine hochgradig arbeitsteilige Weltwirtschaft. Worauf es also ankommt, ist, den Schritt von der Selbstversorgung zur arbeitsteiligen Weltwirtschaft rechtmäßig zu denken, d.h. so, dass jenes mit der Geburt mitgegebene »Existenzrecht« nicht seine Gültigkeit verliert.

Das ist möglich, wenn man sich Folgendes klar macht: In einer Selbstversorgung erledigt jeder alles, aber für sich selbst. In einer arbeitsteiligen Wirtschaft werden nun die Arbeitsbereiche aufgeteilt, d.h. der eine ist dann z.B. ganz Landwirt, und der andere ganz Grafikdesigner, usw., aber eben nicht mehr für sich, sondern für die Anderen. Das heißt aber: Die landwirtschaftlich genutzten Flächen wachsen zusammen, die Aufteilung des Bodens wird ungleich. Nicht jeder arbeitet für sich selber auf seiner Parzelle, sondern einige Wenige beanspruchen riesige Flächen, auf denen sie aber für die anderen arbeiten, und andere beanspruchen z.B. nur einen Platz in einer Bürogemeinschaft, von wo aus sie aber wiederum für die anderen arbeiten. Jedem Körper entspricht natürlich weiterhin eine Grundfläche der Erde, sofern er sich aus den Stoffen aufbaut, die auf jener Fläche für ihn angebaut werden. Jetzt greift er allerdings indirekt, durch die Arbeit anderer Menschen hindurch, auf diese Grundfläche zu.

Das der ungleichen Verteilung des Bodens zu Grunde liegende Rechtsverhältnis kann somit folgendermaßen verstanden werden: Person A tritt die per Geburt beanspruchte Grundfläche an Person B ab, damit B auf dieser Fläche für A Lebensmittel erzeugt. B wiederum kann nur deshalb die Bearbeitung des Bodens für A übernehmen, weil A im Gegenzug eine andere Tätigkeit für B übernimmt. Das Existenzrecht wird gewahrt, solange A und B die von ihnen jeweils erzeugten Waren so tauschen, dass beide leben können. Jeder hat also insofern ein Recht auf die Waren des anderen, als er etwas Gleichwertiges beiträgt. Sobald jedoch A die von B erzeugten Waren mit Hilfe der Staatsgewalt zu sich hinüberbefördert, anstatt sie gegen ein von B nachgefragtes Produkt zu tauschen, also ein »Grundeinkommen« bezieht, wird das Existenzrecht von B verletzt – und weil die Schädigung von B den arbeitsteiligen Wirtschaftsprozess zerstört, auch das Existenzrecht von A.

Man durchschaut diese Verhältnisse nur deshalb nicht, weil sie bereits eine unendliche Komplexität erfahren haben, wenn der Mensch heute die Erde betritt. Doch zwischen meinem Konsum und der Natur steht in einer arbeitsteiligen Wirtschaft immer der andere Mensch, der die Natur für mich so umwandelt, dass ich sie eben konsumieren kann. Es wäre Unrecht, ihm seine Erzeugnisse einfach wegzunehmen, ohne dafür meinerseits das zu tun, was ihm eben die Arbeit für mich erst ermöglicht. Wer nicht Leistungen tauschen, sondern mit Hilfe eines vermeintlichen »Rechts« konsumieren will, greift direkt auf die Arbeitskraft anderer Menschen zu und macht sie zu seinen Sklaven. Er steht dann nicht auf dem Boden eines demokratischen Rechtslebens, sondern privatisiert die Staatsgewalt. Es kommt also nicht darauf an, ob das leistungslose Einkommen des Grundeinkommensempfängers moralisch anders motiviert sein mag als das leistungslose Einkommen eines Hedge-Fonds-Anlegers, sondern darauf, dass in beiden Fällen der

Leistungstausch manipuliert und somit jenes Existenzrecht verletzt wird, auf welches die Grundeinkommensbewegung eigentlich abzielt.

Ein »Recht auf Einkommen« kann es nicht geben, wenn das hinter dieser Forderung stehende Rechtsempfinden ernst genommen werden soll. Anstatt zu versuchen, mit dem Recht auf die Wirtschaft überzugreifen, müsste der Bürger für das Recht als solches aufwachen und dieses gegenüber der Wirtschaft behaupten. Das Eigentumsrecht z.B. ist, im Gegensatz zur Arbeitsteilung, eine Konvention und kann daher von uns auch anders definiert werden. Steht denn ein Eigentumsrecht, welches einen Teil der Menschheit von der Mitarbeit ausschließt und den anderen übermäßig in die Wirtschaft einspannt, wirklich in Einklang mit unserem Begriff der Menschenwürde? Aber auch die Arbeitszeit, die jeder täglich dem Wirtschaftsorganismus zur Verfügung stellt, ist eine Konvention. In Deutschland wird sie im Wesentlichen durch das Arbeitszeitgesetz (ArbZG) geregelt. Hier hatte der Gesetzgeber offenbar die richtige Intuition: Die Arbeitszeit als solches ist keine Angelegenheit des Wirtschaftslebens, sondern gehört im Hinblick auf die Menschenwürde zu den ureigensten Aufgaben des Staates. Das müsste man nun konsequent zu Ende denken, indem man die Hintertüren für Gewerkschaften und Arbeitgeber schließt und demokratisch festsetzt: »Die Menschenwürde ist unantastbar. Sie kann nur gewahrt werden, wenn der Mensch nicht vollständig von der arbeitsteiligen Wirtschaft in Anspruch genommen wird. Innerhalb der Arbeitszeit spezialisiert sich der Mensch und kann somit nicht seine ganze Persönlichkeit entfalten. Deshalb ist die Zeit, die der Einzelne z.B. am Fließband bei Audi, als U-Bahnfahrer der BVG oder an der Kasse bei Lidl arbeiten darf, begrenzt auf 6 Stunden täglich. Nur wer ermöglicht, dass das Lebensnotwendige innerhalb der demokratisch festgesetzten Arbeitszeit erwirtschaftet werden kann, erhält eine Betriebsgenehmigung.«

In das Wirtschaftsleben ist der Mensch durch seine Bedürfnisse, in das Geistesleben durch seine besondere Individualität gestellt. Beides darf die Aufstellung der Gesetze nicht tangieren, wenn sie Recht enthalten sollen. Interessanterweise wirken dann aber gerade solche Gesetze, die weder wirtschaftlichen Bedürfnissen, noch spezifischen Kulturinteressen dienen, sondern bloß das Recht als solches zum Ausdruck bringen, förderlich auf Wirtschafts- und Geistesleben zurück. Im obigen Beispiel: Eine allein im Hinblick auf die Menschenwürde festgesetzte Arbeitszeit spielt einer Vollbeschäftigung, einer gerechten Einkommensverteilung usw. entgegen, ermöglicht aber andererseits die für Kultur und Geistesleben erforderliche Muße.

Indem sie das Grundeinkommen als vermeintliches Druckmittel für eine höhere Entlohnung der »Drecksarbeit« darzustellen versucht, erweckt die Bewegung den Eindruck, ihr ginge es um die Wahrnehmung der »Rechte« der arbeitenden Menschen. Doch zum einen führt, wie unten gezeigt wird, ein Grundeinkommen tatsächlich zu einer schlechteren Bezahlung der Arbeitsleistungen. Zum anderen aber wird gerade das Rechtsleben dadurch ausgeblendet. Denn einmal angenommen, der Trick könnte funktionieren und ein Grundeinkommen würde tatsächlich zu einer besseren Entlohnung führen – dann stellte sich doch die Frage: Ist es wirklich »Privatsache«, ob der eine bei 12 Stunden Fließbandarbeit für gutes Geld seine Menschenwürde verliert, während der andere gar nicht mitarbeitet? Bezieht sich die Kritik an der »Sklavenarbeit« bloß auf den richtigen Preis für einen Sklaven? Ist es denn in Ordnung, die Arbeitskraft als solche zu kaufen, sobald die Kohle stimmt?

Wer wirklich die Menschenwürde im Sinn hat, wo er von den »Rechten« der arbeitenden Menschen spricht, überlässt die tägliche Arbeitszeit keinem »Arbeitsmarkt«, sondern regelt sie auf demokratischem Boden.

Die digitale Revolution und unsere Einkommen

Das bedingungslose Grundeinkommen versteht sich auch als ein Instrument zur Korrektur der gegenwärtigen Vermögensverhältnisse: Die zunehmend von Robotern generierten Einkommen sollen umverteilt werden. Die wachsende Unterstützung durch neoliberale Kräfte, auf die im Vorangegangenen schon hingedeutet wurde, dürfte daher viele BGE-Befürworter irritieren. Wer also verrechnet sich hier: die neoliberalen Förderer dieser Bewegung oder ihre begeisterten Anhänger? Im Folgenden soll der Effekt der »digitalen Revolution« auf die verschiedenen, in den Warenpreisen enthaltenen Einkommensarten genauer untersucht werden. Vor diesem Hintergrund wird die Frage aufgeworfen: Was ist dran an der populären Idee einer Umverteilung von Einkommen?

Was essen Maschinen eigentlich?

Häufig rechnen Grundeinkommensbefürworter wie folgt: Den Einkommen von Menschen stehen Einkommen von Robotern gegenüber. Da die automatisierte Arbeit immer mehr zunimmt, die Roboter-Einkommen folglich immer weiter anwachsen und die Einkommen aus Erwerbsarbeit demgegenüber immer weiter schrumpfen, lautet die wichtigste Frage: Wer soll denn in Zukunft eigentlich die Produkte kaufen, die von Robotern hergestellt werden? Die Antwort: unsere »Erwerbseinkommen« müssen durch ein bedingungsloses Grundeinkommen ergänzt werden. Dadurch wird Einkommen »umverteilt« und die Kaufkraft der Menschen wiederhergestellt.

Demgegenüber muss zunächst die banale Tatsache festgehalten werden, dass nur Menschen ein Einkommen beziehen können, Roboter dagegen nicht. Falls also tatsächlich eines Tages Waren gänzlich ohne Beteiligung von Menschen hergestellt werden könnten, so hätte dies zur Folge, dass diese Waren nicht gekauft werden müssten, weder mit Hilfe eines Grundeinkommens, noch auf irgendeine andere Art. Auch »Sachkosten« existieren in volkswirtschaftlicher Beziehung nicht; diese Bezeichnung hat vielmehr den betriebswirtschaftlichen Sinn, die eigenen Personalkosten von denen anderer Betriebe abzugrenzen. Tatsächlich löst sich jeder Preis jeder Ware letzten Endes vollständig in Einkommen von Menschen auf. Die Frage ist nur, in welcher Beziehung diese Menschen-Einkommen zu den mithilfe von Robotern hergestellten Waren stehen. Dabei gibt es genau zwei Möglichkeiten, und beide zusammen machen den Preis jeder Ware aus: Zum Teil handelt es sich um Arbeitseinkommen, zum Teil aber auch um Renten, d.h. um leistungslose Einkommen, die z.B. durch Eigentumsrechte an den Robotern ermöglicht werden.[1]

Bevor nun darüber diskutiert werden kann, wie die Preise der scheinbar allein von Robotern hergestellten Waren in Zukunft bezahlt werden sollen, müssen die Realitäten ins Auge gefasst werden, die hinter den Preisen liegen. Dabei wird man dann allerdings leicht feststellen können, dass in beider Hinsicht, sowohl im Hinblick auf die auch hier durchaus noch vorhandenen Arbeitseinkommen als auch im Hinblick auf die eingeschalteten »Genussrechte«, eine Bezahlung durch Steuermittel, wie es der Grundeinkommensbewegung vorschwebt, in die Sackgasse führt.

1. Vgl. Johannes Mosmann: Herrschaft eines toten Geistes – Zur geschichtlichen Entwicklung der Finanzspekulation und die Lebensbedingungen eines freien Geisteslebens, in: die Drei 3/2009, S. 11, abrufbar unter www.dreigliederung.de/essays/2009-03-002.

Das Einkommen des Arbeiters

Sofern die Preise der mithilfe von Robotern hergestellten Waren Forderungen nach Arbeitseinkommen zum Ausdruck bringen, stellt sich die Frage nach der Gegenseitigkeit. Denn die Menschen, die z.B. den Roboter programmieren, die Rohstoffe für die Chips fördern, das Maschinenöl herstellen usw., können das nur deshalb, weil sie ihrerseits Waren und Dienstleistungen beziehen, ihre Kinder in der Zwischenzeit in die Schule gehen, die alte Mutter im Altenheim eine gute Pflege erhält usw. – Eben diese Bedürfnisse kommen ja im Preis der Ware zum Ausdruck. Daraus ist auch ersichtlich, warum umgekehrt nicht von vorneherein ausgeschlossen werden darf, dass dasjenige ebenfalls einen Wert hat, was nun die übrigen Menschen tun, die nicht mehr an der Herstellung der betreffenden Waren beteiligt sind – ganz im Gegenteil. Erziehung, Bildung, Pflege usw. werden gewiss nicht weniger nachgefragt als Konsumgüter und Industrieprodukte. Warum also sollte die Frage nach der Gegenseitigkeit im Hinblick auf Tätigkeiten außerhalb der robotergestützten Produktion plötzlich obsolet sein? Auch für diese Tätigkeiten sind schließlich Einkommen nötig, d.h.: Auch diese Leistungen haben einen Preis und sind insofern ebenso »Waren«, wie dasjenige, was mit Unterstützung von Robotern z.B. industriell gefertigt wird. Wenn nun die Grundeinkommensbewegung fordert, »die Arbeit am Menschen«, etwa in der Pflege, solle in Zukunft durch ein Grundeinkommen ermöglicht werden, so sagt sie nichts anderes als: Dies ist der Preis für die Pflegeleistung. Allerdings ist der Preis, den die Grundeinkommensbewegung damit ansetzt, viel zu niedrig, um eine menschenwürdige Pflege zu ermöglichen.

Nur weil die Anzahl der Beschäftigten durch die fortschreitende Industrialisierung in bestimmten Bereichen zurückgeht, werden nicht alle übrigen Bereiche plötzlich von einem Parallel-Universum verschluckt – auch wenn es den Tec-Investoren so gefallen könnte. Was dort geschieht, ist vielmehr Teil derselben arbeitsteiligen, auf Gegenseitigkeit beruhenden Wirtschaft. Richtig ist an den Thesen der Grundeinkommensbewegung nur die Feststellung, dass in vielen Produktionsbereichen mit immer weniger Menschen immer mehr produziert werden kann. Dieser Prozess ist jedoch so alt wie die Wirtschaft selbst. Für die Arbeitseinkommen bedeutet das zunächst nur, dass die Einkommen in den Bereichen, in welchen nun mit weniger Menschen gearbeitet werden kann, entsprechend entfallen, also für andere Branchen zur Verfügung stehen. Wer aufgrund der Rationalisierung einen Wirtschaftszweig verlässt, nimmt, volkswirtschaftlich gesehen, sein Einkommen mit.

So wie von der Grundeinkommensbewegung skizziert, existiert das Problem der »Digitalisierung« also nicht. Das vermeintliche Ungleichgewicht zwischen Menschen- und Robotereinkommen ist eine Phantasie, die einer kindlich anmutenden Vermenschlichung der Maschinenwelt entspringt. Der reale Vorgang der »Digitalisierung« ist vielmehr ein ganz anderer, wie im Folgenden gezeigt wird.

Das Einkommen des Kapitalisten

Zunächst verbilligt die Digitalisierung die Arbeitsprozesse, auf die sie angewandt wird. Diese Verbilligung ist wiederum für denjenigen, der sie durch sein Genie ermöglicht, Kapital. Der »Gewinn« beweist, dass tatsächlich verbilligend auf einen Produktionszweig eingewirkt, d.h. Menschen aus dieser Arbeit befreit werden konnten, die dadurch wiederum in neuen Produktionszweigen andere Bedürfnisse befriedigen und so das Einkommen aller Menschen erhöhen können. Der Kapitalist arbeitet also durchaus mit, wenn auch auf andere Art. Freilich entstehen hier Fragen: In welchem Umfang sollte der Gewinn zum Einkommen von Unternehmern werden? Wie viel dagegen sollte in dasselbe oder andere Unternehmen zurückfließen, also wieder Arbeitseinkommen werden? Wie viel sollte als Preissenkung an alle Menschen weitergegeben werden? Solche Überlegungen haben jedoch nichts mit einer bedingungslosen Geldausschüttung an sämtliche »Bürger« eines Landes zu tun. Die Idee einer derartigen »Umverteilung« missachtet die fundamentale Tatsache, dass der Gewinn nur durch das Eingreifen einer ganz bestimmten Persönlichkeit in den Wirtschaftsprozess überhaupt entstehen konnte und nur in Verbindung mit dieser seinen volkswirtschaftlichen Wert behält. Geld ist in der Hand einer geeigneten Unternehmerpersönlichkeit wertvolles Kapital, welches die Konsumgüter vermehrt, in der Hand eines beliebigen anderen Menschen dagegen zunächst nur ein Warenbezugsschein, welcher zum Konsum bereits vorhandener Güter berechtigt. Wer Gewinne ohne Rücksicht auf die konkrete Leistung bedingungslos »umverteilt«, legt ihre Quelle trocken, verhindert Kapitalwirksamkeit und lenkt die menschliche Arbeitskraft ins Nirgendwo – das Ergebnis wäre eine Massenverelendung.

Das Einkommen des Rentiers

Jetzt wird allerdings die oben skizzierte gesunde Entfaltung der Kapitalwirksamkeit in einem bestimmten Punkt vom Rechtsleben erfasst, wodurch der verbilligende Effekt der Digitalisierung untergraben wird. Am Beispiel des Online-Bestelldienstleisters Lieferando lässt sich dieser Vorgang ziemlich genau beobachten: Da ist zunächst das Genie des Gründers Christoph Gerber. Dieser rationalisiert durchaus im Interesse der Kunden und unser aller Einkommen den Bestell- und Liefervorgang bei Lebensmittel-Lieferdiensten. Letztere werden, je mehr Kunden

Gerbers Technologie nutzen, abhängig von Lieferando. Theoretisch müsste das bestellte Essen nun billiger werden, da durch die betriebsübergreifende Organisation des Lieferverkehrs und die automatisierten Bestellungen Arbeit gespart wird, also Einkommen in dieser Branche entfällt, welches dann anderen Branchen (und dort z.B. ehemaligen Pizzeria-Mitarbeitern) zur Verfügung stehen kann.

Das Essen wird aber nicht billiger, ganz im Gegenteil. Denn 2014 verkauft Gerber das Recht an dieser Technologie für 103 Millionen Dollar an einen niederländischen Konzern. Risiko-Kapitalisten steigen ein, die wiederum unter enormem Druck stehen, für ihre Geldgeber außerordentliche Renditen zu ermöglichen. Unter den Investoren ist z.B. Macquarie Capital aus Australien, die für ihre »Kunden« (Pensionskassen, Versicherungen etc.) aus der ganzen Welt ein Vermögen von 306 Milliarden Euro verwalten, indem sie Eigentumsrechte kaufen und gewinnbringend verkaufen, bzw. Gewinne aus dem laufenden Geschäft abziehen. Die Folgen liegen auf der Hand: Die Restaurants müssen immer höhere Provisionen an den Online-Bestelldienstleister bezahlen, und die Kunden entsprechend höhere Preise für die Pizza, um Renten und Lebensversicherungen der Australier zu finanzieren.[2]

Alle Rechenübungen verlieren sich ins Phantastische, solange nicht der fundamentale Unterschied bemerkt wird zwischen der Organisation von Arbeitsprozessen durch den menschlichen Geist einerseits (Kapitalismus), und dem Handel mit dem Recht an diesem Geist andererseits (Rentenökonomie). Letzteres hat einzig und allein den Zweck, die Differenz zwischen Warenpreis und Arbeitseinkommen zu erhöhen, also prinzipiell leistungsloses Einkommen zu erzeugen und so den positiven Effekt der Rationalisierung wieder auszuhebeln. Nicht der Wegfall der Arbeitsplätze in manchen Branchen erzeugt das Ungleichgewicht, son-

2. orange.handelsblatt.com/artikel/11629

dern dass die entsprechenden Produkte so bezahlt werden müssen, als wären diese Arbeitsplätze noch vorhanden. In gewisser Weise werden Phantome bezahlt. Dadurch geraten in der Tat andere Branchen unter Druck. Dort können sich die Einkommen nicht so entwickeln, wie aus der Rationalisierung der Bestelldienstleistungen eigentlich folgt.

Der Reflex der Grundeinkommensbewegung

Auf diesen Druck reagiert die Grundeinkommensbewegung mit einem Reflex: So wie sich der Rentier mit Hilfe des Rechts am Produktionsmittel ein leistungsloses Einkommen ermögliehen kann, so soll sich der »Bürger« wiederum auf rechtlichem Weg selbst auch ein leistungsloses Einkommen ermöglichen – wenn auch nur ein Mini-Einkommen. Beide Seiten wollen also den Leistungstausch manipulieren, indem sie den Staat zum Anwalt ihrer Konsuminteressen machen. Das erscheint auf den ersten Blick nur gerecht: Die Einkommen, die aufgrund der Digitalisierung in den betroffenen Branchen eigentlich entfallen würden, durch Rechte aber stattdessen in leistungslose Einkommen verwandelt wurden, fließen nun zurück zu den Menschen, sodass der Satz wieder zu stimmen scheint: Wer aufgrund der Digitalisierung in einer Branche nicht mehr gebraucht wird, nimmt sein Einkommen mit hinüber in eine andere.

Nur handelt es sich jetzt um leistungslose Einkommen. Man darf nicht übersehen: Hier wird verteilt, nachdem ein Ungleichgewicht zwischen den Branchen entstanden ist, nachdem durch Rechte die Preisbildung manipuliert und ein leistungsloses Einkommen generiert wurde. Entsteht der Gewinn als sogenanntes »Renteneinkommen« aus der Kapitalisierung des Rechts und der Degradierung des Menschen zum Lohnempfänger, lässt sich der dadurch entstandene ökonomische Schaden nicht reparieren, indem man diese Rente hinterher wieder an jene verteilt, die sie mit ihrer Menschenwürde bezahlen und so den Lohn durch eine Frührente ergänzt. Vielmehr vervielfältigen sich dadurch die Probleme, von denen man ausgegangen war.

Lösbar ist die »Verteilungsfrage« nur, wenn sie realwirtschaftlich und nicht monetär verstanden wird, d.h. wenn die Verteilung definiert werden kann, bevor in einer bestimmten Art und Weise Gewinn entstanden ist. Realwirtschaftlich umverteilen bedeutet: Die Geldströme dürfen sich erst gar nicht von den Leistungen entkoppeln. Im Hinblick auf obiges Beispiel hieße das: Die Pizza dürfte nur so teuer bezahlt werden, wie nach der Rationalisierung noch für Arbeitseinkommen (natürlich auch im Management etc.) ausgegeben werden muss, sodass in anderen Branchen entsprechend mehr Einkommen zur Verfügung stehen. Wer real umverteilen will, muss sich also den Kapitalisten als Treuhänder und die Bürger als Treugeber denken können. Der Treuhänder verwaltet das Kapital im Interesse der Gemeinschaft, kann es aber nicht verkaufen. Dann sinken die Preise der Waren mit der Rationalisierung und die Einkommen der Konsumenten können entsprechend steigen.

Da die Identität von Kapitalverwaltung und Eigentum ohnehin schon längst aufgehoben ist (der Kapitalist ist heute ein von unzähligen Aktionären eingesetzter »Treuhänder«), könnte man daran anknüpfend die Debatte darüber führen, welche Bedeutung von »Anteilseignerschaft« eigentlich zeitgemäß ist. Der Weg der Grundeinkommensbewegung dagegen, die durch Renteneinkommen verfälschten Preise beizubehalten und dann durch ein leistungsloses Einkommen die Kaufkraft der »Bürger« (scheinbar) zu erhöhen, ist genauso unmöglich, wie Fieber mittels einer Manipulation des Fieberthermometers zu senken: Der Grundeinkommensempfänger wird für die in die Warenpreise eingerechneten Genussrechte umso viel mehr zu bezahlen haben, wie er an Kaufkraft zunächst zu gewinnen scheint. Als z.B. vor einigen Jahren der Hartz IV-Regelsatz für Mieten angehoben wurde, waren von einem Tag auf den nächsten keine Wohnungen mehr unter diesem neuen, erhöhten Regelsatz verfügbar. Das heißt auf dem einen oder anderen Kanal wird ein Grundeinkommen immer von den steigenden Vermögenswerten aufgefressen, sodass letztendlich gar nicht umverteilt wird.

Das »Recht« auf Auszahlung eines leistungslosen Mini-Einkommens kann mit dem »Recht« am Produktionsmittel niemals konkurrieren. Deshalb geht auch die Rechnung, wonach das Grundeinkommen Druck auf die Arbeitsplatzbesitzer ausüben soll, nicht auf. Vielmehr wird genau das Umgekehrte eintreten: überleben wird derjenige, der mit Grundeinkommen weiterhin mindestens acht Stunden täglich arbeiten geht. Weil aber jeder schon ein Grundeinkommen hat, wird der Lohn für die nach wie vor begrenzt verfügbare Arbeit ins Bodenlose sinken. Wer überleben will, wird zum Grundeinkommen dazuverdienen und bei den Kapitaleigentümern um Lohn und Brot betteln müssen. Wer dagegen aus irgendwelchen Gründen, z.B. aufgrund seelischer Hemmnisse (die bei einem großen Teil der Hartz IV-Bezieher eine Rolle spielen, s.u.), am Verkauf seiner Arbeitskraft gehindert ist, wird dann hungern.

Für die Bedürftigen eine schwarze Null

»Das Grundeinkommen ersetzt den heutigen Sozialstaat im Prinzip vollständig. Gesetzliche Altersabsicherung, Krankenversicherung und Arbeitslosenversicherung werden abgeschafft. Wer etwas haben möchte über das Grundeinkommen hinaus, muss sich selbst privat versichern«, fasst Thomas Straubhaar das Projekt zusammen.[3] Straubhaar ist Professor für internationale Wirtschaftsbeziehungen in Hamburg, Botschafter

3. www.stern.de/wirtschaft/geld/grundeinkommen–warum-oekonom-thomas-straubhaar-ans-grundeinkommen-glaubt-7330376.html

des neoliberalen Think-Tanks Initiative Neue Soziale Marktwirtschaft und Grundeinkommensaktivist.

Natürlich verwahren sich viele Grundeinkommensbefürworter gegen die vermeintliche »Vereinnahmung« durch den Neoliberalismus – mit dem Grundeinkommen sei eigentlich etwas ganz anderes gemeint. Die guten Absichten der meisten Befürworter sollen hier auch gar nicht in Frage gestellt werden. Entscheidend ist gleichwohl nicht, was mit der Auszahlung eines bedingungslosen Grundeinkommens eigentlich beabsichtigt ist, sondern was sie tatsächlich bewirkt. Und das haben neoliberale Theoretiker und Tec-Investoren besser durchschaut als die gutgläubigen Fußsoldaten der Bewegung. In Wahrheit ist das bedingungslose Grundeinkommen ein nie dagewesenes soziales Sparprogramm.

Digitalisierung ist ein völlig anderes Thema als etwa eine Parkinson-Erkrankung. Langfristig kann der »Sozialstaat« nur überleben, wenn die durch unsere Wirtschafts- und Rechtsverhältnisse willkürlich erzeugte Arbeitslosigkeit nicht länger mit der krankheits- und altersbedingten Arbeitslosigkeit vermischt wird. Die Antwort auf die Digitalisierung liegt in der Lösung des »Lenkungsproblems«, in einer Bedarfsorientierung der Produktion aber auch in einer zeitgemäßen Eigentumsordnung usw., so wie es hier ausgeführt wurde. Etwas ganz anderes ist demgegenüber die Frage nach dem Einkommen für all jene, die nicht mitarbeiten können, wie zum Beispiel Kinder, Alte oder Kranke.

Das Ausblenden der ganz unterschiedlichen Gründe für Arbeitslosigkeit ist das eigentliche Verbrechen des Hartz IV-Systems. Die Bewegung für ein bedingungsloses Grundeinkommen will das Prinzip der Agenda 2010 nun auf die Spitze treiben: Entlassungsbedingte, altersbedingte und krankheitsbedingte Arbeitslosigkeit, Bildungsurlaub, Lustlosigkeit usw. – das alles wird in einen Topf geworfen. Jeder bekommt das Existenzminimum, bedingungslos natürlich. Wer arbeitsfähig sei, Lust habe und tatsächlich bezahlte Arbeit finde, könne sich freilich besser stellen als die anderen Gruppen. Doch was wird dann aus denen, die dazu nicht in der Lage sind?

Einem großen Teil der gegenwärtigen Hartz IV-Empfänger steht nicht etwa die Digitalisierung im Weg, sondern eine seelische Erkrankung. Bereits 2013 förderte eine Studie zutage, dass bei einem Drittel aller ALG-II-Bezieher psychische Störungen diagnostiziert wurden.[4] Die Dunkelziffer dürfte weitaus höher sein, da viele, insbesondere Schwerkranke, niemals einen Arzt aufsuchen. Diese Menschen erhalten dennoch kein menschenwürdiges Einkommen, weil sie seit der Agenda 2010 mit denjenigen, die keine Arbeit finden oder nicht arbeiten wollen, in einen Topf geworfen werden. Hinzu kommt, dass jeder, der z.B. aufgrund einer Behinderung arbeitsunfähig wird und keine entsprechende private Versicherung abschließen konnte, in die »Grundsicherung« gedrängt wird – und somit maximal 416 Euro monatliche Unterhaltszahlungen erhält.[5] Das betrifft über eine Million Menschen in Deutschland.

Vieles Weitere dieser Art wäre hier noch anzufügen. Wenn die Grundeinkommensbewegung also vorrechnet, dass die gegenwärtigen Transferleistungen bereits ausreichten, um ein Grundeinkommen zu finanzieren, so unterschlägt sie, dass diese schon jetzt bei Weitem nicht ausreichen, um beiden Gruppen, Arbeitsunfähigen und Arbeitsfähigen, ein menschenwürdiges Dasein zu ermöglichen. Bedacht werden muss außerdem auch, dass der Staatshaushalt im Wettkampf der Nationen

4. www.aerzteblatt.de/nachrichten/56414/Mehr-als-ein-Drittel-der-Hartz-IV-Empfaenger-psychisch-krank
5. www.fr.de/politik/meinung/gastbeitraege/hartz-iv-416-euro-reichen-nicht-fuer-die-menschenwuerde-a-1471873

um den billigsten »Standort« gegenwärtig künstlich verschlankt wird, indem man die Altersvorsorge zunehmend als »Betriebsrente« privatisiert und in Gesellschaften wie BlackRock oder Macquarie Capital auslagert. Diese Betriebsrenten blähen dann, wie hier dargelegt, die Preise auf und entwerten damit wiederum die gesetzliche Rente – ein Teufelskreis. Das heißt aber: Von den gegenwärtigen, völlig verzerrten Kosten des Sozialstaats auszugehen und damit die Finanzierbarkeit des Grundeinkommens zu »beweisen«, ist eine offenkundige Fehlkalkulation.

Hinzu kommt, dass das Geld, selbst wenn es rechnerisch ausreichen würde, doch nicht ausreichte. Allen Menschen ein leistungsloses Staats-Einkommen zu gewähren, wirkt sich nämlich auf den Geldwert völlig anders aus, als wenn man Bedürftigen ein menschenwürdiges Leben ermöglicht und hierzu die Arbeitseinkommen als Vergleichsgröße zu Grunde legt. Bei einem Grundeinkommen würde jeder mit den Preisen der Waren die Grundeinkommen seiner Mitbürger bezahlen, während völlig offen bliebe, ob diese mit einer Leistung in einem Zusammenhang stehen oder nicht. Das ist aber nichts anderes als eine Geldentwertung, führt also unmittelbar in die Inflation. Letztere tritt notwendigerweise immer dann ein, wenn Einkommen und Leistungen entkoppelt, wenn also mehr Bezugsscheine ausgegeben als entsprechende Leistungen erbracht werden.

Eine transparente und gerechte Umverteilung ist nur möglich, wenn Waren und Rechte nicht länger miteinander vermischt werden: So wie einerseits die Preisverhältnisse nicht durch Rechte manipuliert werden dürfen, sei es durch Eigentumsrechte, sei es durch ein Grundeinkommen, so sollten andererseits Kinder, Kranke und Alte selbstverständlich einen Rechtsanspruch auf Einkommen haben. Das Grundeinkommen verkehrt diesen Zusammenhang in ein groteskes Gegenbild, indem es den Konsum verstaatlicht und im Gegenzug die Fürsorge privatisiert.

Zumindest Straubhaar verkalkuliert sich also nicht, wenn er vorrechnet: »Wer etwas haben möchte über das Grundeinkommen hinaus, muss sich selbst privat versichern.« Es sei denn natürlich, Straubhaar meint damit diejenigen, die vom Grundeinkommen tatsächlich leben müssen, denn die werden es ja nicht in Fonds-Anteile zur Sicherung ihrer Altersrente investieren können.

Indem die Grundeinkommensbewegung den Staat für wirtschaftliche Interessen einspannen will, übersieht sie, dass genau dieser Reflex die unmenschlichen Verhältnisse der Gegenwart erst erzeugt. Wenn allen das gleiche Konsumrecht zugesprochen wird, hebt sich das »Recht« auf bedingungslosen Konsum zwar wieder auf, sodass die Einkommensverhältnisse weiterhin bloß von den ungleich verteilten Eigentumsrechten reguliert werden. Deshalb können die Neoliberalen sagen: Fein! Lasst sie machen! Ob das Grundeinkommen eingeführt wird oder nicht, kommt schließlich auf dasselbe heraus: 1.000 oder 1.500 Euro, das ist die neue Null, falls das Grundeinkommen kommt. Und bei diesem Null-Niveau wären dann sämtliche gegenwärtigen Sozialleistungen angesiedelt, oder aber würden entsprechend verteuert, um auf dem heutigen Niveau zu bleiben.

Die Sehnsucht nach dem Maschinen-Erlöser

Die steuerfinanzierten »Transferleistungen« des Staates sind volkswirtschaftlich gesehen ein Minus: Es fließt etwas aus dem Wirtschaftsleben ab, das direkt nichts zur Warenproduktion beiträgt. Dasselbe gilt auch für alles, was zum Unterhalt von Polizei, Verwaltungsbeamten usw. aufgebracht werden muss. Das Staatsleben wird prozentual an den Erträgen des Wirtschaftslebens beteiligt, ist aber eben auch auf diese angewiesen, weil es seinerseits keine Erträge erwirtschaftet (sofern er nicht selbst unternehmerisch tätig wird). Dass z.B. die Rechtssicherheit indirekt auch einen ökonomischen Wert darstellt, macht aus ihr noch keine Wertschöpfung im ökonomischen Sinn, und wo sie dennoch so betrachtet, d.h. käuflich wird, hört der Staat auf, Staat zu sein bzw. wird korrupt.

Mit Ausnahme der Grundeinkommensbewegung ist dieser Umstand allen sozialen Initiativen bewusst – sofern mit dem Einsatz von Steuermitteln gerechnet wird, dann immer im Sinn eines Aufwands von wirtschaftlicher Seite. Ganz gleich, in welcher Höhe man z.B. nichtarbeitsfähigen Menschen Unterhaltsleistungen gewährt, ob der Staat daran Bedingungen knüpft oder nicht – Fakt ist, dass jede Unterhaltsleistung des Staates von den arbeitenden Menschen erwirtschaftet wird. Die Bewegung für ein bedingungsloses Grundeinkommen ist die erste, die das auf den Kopf stellt: Abgaben sollen als Unterlage der Arbeit im ökonomischen Sinn betrachtet werden. Das ist das Bild des Baron von Münchhausen, der sich selbst aus dem Sumpf zieht: Man konsumiert, und indem man konsumiert, führt man eine Steuer ab, die wiederum das Einkommen bildet, welches man konsumiert. Das funktioniert nicht. Als Gegenbeweis mag man den real existierenden Sozialismus ins Feld führen oder gegenwärtige Aktivitäten des Staates, die an den Sozialismus erinnern. Dann darf man jedoch nicht übersehen, dass in diesen Fällen der Staat selbst als Unternehmer auftritt und die Arbeit dirigiert – was nicht im Sinne von »Freiheit statt Vollbeschäftigung«[6] sein dürfte.

Das bedingungslose Grundeinkommen will weder die marktwirtschaftliche noch die staatliche Lenkung der Arbeit, sondern die Arbeit soll eben »in Freiheit selbstbestimmt« werden. Möglich wäre das nur unter einer Voraussetzung: wenn der Mensch seine äußeren Sinne nicht mehr bräuchte, um den anderen Menschen wahrzunehmen; wenn er

6. blog.freiheitstattvollbeschaeftigung.de

die weltweiten, sich unaufhörlich wandelnden Wertbildungsprozesse, Produktionsverhältnisse usw. durch bloße Intuition kennen würde, und dazu nicht auf die Beobachtung des Marktes angewiesen wäre. Dann könnte er seine Arbeit selbst bestimmen, während sie zugleich dennoch Arbeit im ökonomischen Sinn bliebe. Das Grundeinkommen ist die Vision einer Befreiung von den Tatsachen des physischen Daseins, einer Ex-Karnation der Menschheit, und verbindet aus diesem Grund die esoterische Szene in Deutschland mit den Tec-Investoren im Silicon Valley.

Letztere haben sich nichts Geringeres als die Rettung der Menschheit vor den Bedingungen des physischen Daseins auf die Fahne geschrieben. Google-Gründer Sergej Brin z.B. will »den Tod heilen«,[7] und Paypal-Gründer Peter Thiel sagt über den Tod: »Man kann ihn akzeptieren, man kann ihn leugnen, oder man kann ihn bekämpfen.« Thiel bekämpft ihn, indem er sich das Blut junger Menschen spritzt,[8] andere lassen sich nach dem Ableben einfrieren, oder tüfteln am ewigen Leben der Seele in Form einer Cloud.[9] Das sind freilich extreme Beispiele, aber sie machen die Grundhaltung deutlich: Für jedes menschliche Problem gibt es eine *technische* Lösung. Entsprechend wird auch die Lösung der »sozialen Frage« rein technisch verstanden: Eine Art Welt-Maschinen-Wesen soll den Menschen ernähren, beschäftigen und beseelen.

Die Bewegung für ein bedingungsloses Grundeinkommen liefert hierzu die gemütshafte Einstimmung der Massen. Dabei mag eine rein intuitiv gelenkte Wirtschaft als Zukunftsideal durchaus erstrebenswert sein – bis dahin benötigt der Mensch jedoch Augen und Ohren, Herz und Ver-

7. www.huffingtonpost.de/2017/05/06/silicon-valley-unsterblichkeit-taktik_n_16451270.html
8. www.faz.net/aktuell/wirtschaft/stammzellen-wie-das-silicon-valley-das-sterben-abschaffen-will-15164400.html
9. t3n.de/news/silicon-valley-tod-ueberwinden-638284/

stand, um dem sozialen Organismus abzulesen, wo er gebraucht wird. Indem sie ein mögliches Zukunftsideal verfrüht anbringt, verschließt sich die Grundeinkommensbewegung der Gegenwart – und untergräbt damit das eigene Ideal. Die Seele dringt nicht in die gegenwärtigen Verhältnisse ein, sondern nabelt sich ab und geht immer mehr in einen traumartigen Zustand über. In den dadurch entstehenden Hohlraum strömen nun die Impulse der Tec-Investoren. Diese sind nicht weniger esoterisch, jedoch mit umgekehrten Vorzeichen: während die mittel- und osteuropäischen Esoteriker ihre Seele gewissermaßen aus der Materie zurückziehen, so wollen die westlichen analog dazu mit einer verfeinerten Materie in jene Bereiche vordringen, welche die Seele zurücklässt.

In der Bewegung für ein bedingungsloses Grundeinkommen wirken beide Impulse, der schwärmerisch-esoterische Mitteleuropas und der technokratische des Westens, zusammen. Wo eigentlich der Mensch als Mensch immer anwesender werden müsste, nämlich in den unmittelbar ökonomischen Beziehungen, da zieht ihn die Utopie bewusstseinsmäßig heraus. Eine staatliche Autorität soll das Einkommen beschaffen, auf welchem Weg auch immer, und der einzelne Mensch soll demgegenüber rein intuitiv bestimmen, was er »arbeitet«. Die Verbindung jedes Menschen mit dem anderen durch Arbeit und Konsum über den Erdball hin wird damit als seelisch-geistige aufgehoben und in die Sphäre eines physisch-naturhaften Wirkens gerückt. Das heißt, der reale Inhalt der Idee eines bedingungslosen Grundeinkommens ist die psychologische Verdrängung des Wirtschaftsorganismus ins Unbewusste. Was der Mensch somit nicht mehr ergreifen kann, wird von den Vergangenheitskräften beschlagnahmt: die Technik, im Verbund mit dem römisch-katholischen Eigentumsbegriff[10], setzt sich an die Stellen, an denen nur unmittelbar menschliche Beziehungen sozial wirken könnten – der Maschinen-Erlöser befreit uns von der Erde.

Die Grundeinkommensbewegung ist somit der psychologische Ausdruck einer gesamtgesellschaftlichen Entwicklung, für die wiederum die Tec-Konzerne als Symbole gelten können: der digitale »Marktplatz« von Amazon ersetzt die Kommunikation zwischen Produzenten und Konsumenten, zu denen jene aus eigener Kraft nicht in der Lage waren (was ihnen nun schmerzlich bewusst wird). Ebenso ersetzt Facebook soziale Prozesse indem es Persönlich-Subjektives technisch verobjektiviert und so Gemeinschaft simuliert. Der Verlust des sozialen Lebens wird aber (zunächst) nicht erlebt, eben weil dieses durch maschinell initialisierte, rein persönliche Affekte imitiert wird. Während er mit Hilfe der Technik seine Kreise immer weiter auszudehnen glaubt, gräbt sich der Mensch in Wahrheit immer tiefer in die eigene Psyche ein – die globale Weltwirtschaft wird eine globale Maschine, aus welcher der Mensch als geistig-soziales Wesen ausgeschaltet ist.

Es mag möglich sein, viele Bereiche materieller Produktion weitgehend zu automatisieren. Auch viele Dienstleistungen können von Robotern ausgeführt werden. Andererseits wurde in vielen Bereichen der mögliche Grad der Automatisierung bereits überschritten, sodass hier umgekehrt Maschinenarbeit wieder durch Menschenarbeit ersetzt werden muss. Denn die Automatisierung unterbricht den unmittelbaren Zusammenhang der sinnlichen Wahrnehmung, was oftmals zu schlechteren Produkten, teilweise sogar zur Zerstörung der Grundlage des Wirtschaftens überhaupt führt. Das ist z.B. in der Landwirtschaft

10. Vgl. Johannes Mosmann: Herrschaft eines toten Geistes – Zur geschichtlichen Entwicklung der Finanzspekulation und die Lebensbedingungen eines freien Geisteslebens, in: die Drei 3/2009, S. 11 – Heft bestellbar unter https://diedrei.org oder kostenlose PDF unter www.dreigliederung.de/files/download/2009-03-002.pdf

der Fall. Die Landwirtschaft ist gegenwärtig bereits in einem Ausmaß automatisiert, der wirtschaftlich gar nicht möglich ist, weil ohne den unmittelbaren Zusammenhang zwischen Mensch und Natur, wie er nur in bäuerlichen Strukturen gegeben ist, die Produktivität des Bodens tatsächlich sinkt. Mit wachsender Erdbevölkerung wächst auch die Notwendigkeit, den Boden optimal zu nutzen, d.h. immer mehr Menschen gerade wieder in die materielle Arbeit zu leiten. Ebenso kommt es in der Bildung, der Pflege und in vielen anderen Bereichen auf die unmittelbare Wahrnehmung an, welche allein die für die Qualität der »Dienstleistung« erforderliche seelische Anteilnahme ermöglicht. Ja, dasselbe ließe sich von Verwaltungs- und Planungsaufgaben bis hin zum Verkauf von Versicherungen über vieles andere sagen, was eben nur scheinbar auch digital gut funktioniert.

In Wirklichkeit wird durch die zunehmende Arbeitsteilung der menschliche Leistungsprozess gar nicht reduziert, sondern lediglich immer mehr auf eine seelische Ebene transformiert. Es wird für das Gemeinschaftsleben eine furchtbare Konsequenz haben, wenn dieser Vorgang nicht ins Bewusstsein gehoben, sondern durch ein Grundeinkommen verschleiert und dem Spiel des Zufalls anheim gegeben wird. Je weiter die Automatisierung voranschreitet, desto weniger ist in Wahrheit ein staatliches Grundeinkommen möglich, weil die Menschheit dann umso mehr darauf angewiesen ist, das gesunde Verhältnis zwischen Landwirtschaft, Industrie und Geistesleben durch das Preisgeschehen hindurch zu erkennen und dem Einzelnen zu ermöglichen, sich bewusst am Bedürfniswesen »Mensch« zu orientieren.

Der Sinn der Arbeit

Die Idee des bedingungslosen Grundeinkommens kann so viele Menschen faszinieren, weil dessen ökonomische Wirkungen kaum durchschaut werden. Oben wurde aufgezeigt, wie dadurch das Wasser auf die Mühlen derjenigen gelenkt wird, gegen die sich die Grundeinkommensbefürworter eigentlich wehren wollen. Das folgende Kapitel rückt nun das Hauptmotiv der Grundeinkommensbewegung in den Fokus: Das Vertrauen auf die »intrinsische« Motivation als vermeintliche Antithese zum Motiv »Arbeiten für Geld«. Ist dieses Innerlich-Menschliche jedoch richtig erfasst und kommt es durch ein Grundeinkommen wirklich zum Zug – oder muss dazu vielleicht etwas ganz anderes geschehen?

Soziale Evolution

Im Jahr 1949 untersuchte der Verhaltensforscher Harry Harlow die Motivation von Affen, indem er mechanische Puzzles in ihre Käfige legte. Zu seinem Erstaunen zeigten die Affen augenblicklich Interesse für die Puzzles, obwohl sie dazu weder durch das »körperliche Motivationssystem« noch durch »externe« Motivatoren wie Belohnung oder Strafe angetrieben zu sein schienen. Harlow schloss daraus auf eine dritte Art von Affen-Motivation, und gab dieser den Namen »intrinsische Motivation«.[1] 20 Jahre später stieß dann der Psychologieprofessor Edward L. Deci auf die Affen-Experimente von Harlow und wiederholte sie mit Menschen. Dabei stellte er fest, dass auch Menschen über diese Motivations-Art verfügen, und dass diese zudem nachhaltiger wirkt als die »extrinsische Motivation« in Form einer Belohnung. Auf

1. Vgl. Daniel H. Pink: Was uns wirklich motiviert, Einleitung, Salzburg 2010, sowie wiki.infowiss.net/Motivation

diese Unterscheidung zwischen »intrinsischer« und »extrinsischer« Motivation gründete Deci dann seine Theorie der »Selbstbestimmung in der Organisation von Arbeitsprozessen«.[2]

Seither ist dieses Paradigma fester Bestandteil der Sozial- und Verhaltenswissenschaften. Ausgehend von Decis Beobachtungen versteht die Verhaltensforschung unter *instrinsisch* motiviertem Verhalten gemeinhin solche Tätigkeiten, bei denen das Motiv in der Tätigkeit selbst liegt. So spielt z.B. ein Kind um des Spielens willen. Als *extrinsisch* motiviert werden demgegenüber Tätigkeiten angesehen, die für einen zu erreichenden Zweck verrichtet werden. Extrinsische Motive sind demnach die Befriedigung körperlicher Bedürfnisse, Belohnung, Anerkennung, das Vermeiden von Strafe usw. Diesem Paradigma von intrinsischer und extrinsischer Motivation folgt der interne Diskurs der Grundeinkommensbewegung über einen »neuen Arbeitsbegriff« teils implizit, teils ganz offen. »Wenn die Motivation von innen kommt, dann sind sie intrinsisch motiviert – und brauchen keinen Zwang«, meint z.B. Götz Werner.[3] Ähnlich sehen es auch Philip Kovce und Daniel Häni: »Die dritte Kraft, von der Harlow schreibt, ist dieser Tage als intrinsische Motivation bekannt. Die Fragen, die Harlows und Decis Experimente aufwerfen, sind die Fragen, die das bedingungslose Grundeinkommen stellt«[4] heißt es in dem Kapitel »Ich und andere Tiere« ihres populären Buchs zum Grundeinkommen.

Der Mensch werde durch das Grundeinkommen, so das Argument, vermehrt solche Tätigkeiten verrichten, für die er sich intrinsisch motivieren könne. Damit werde »sinnlose« Arbeit ausgefiltert, weil eben nur »sinnvolle« Arbeit den Menschen auch ohne äußere »Anreize«

2. Vgl. wpgs.de/fachtexte/motivation/intrinsische-und-extrinsische-motivation/
3. utopia.de/dm-gruender-goetz-werner-interview-bedingungsloses-grundeinkommen-77887/
4. Daniel Häni & Philip Kovce: Was fehlt, wenn alles da ist; Zürich 2015, S. 136

motivieren könne. Somit ist die Grundeinkommens-Idee vor allem ein Bekenntnis zu einem moralischen Standpunkt, zum Vertrauen auf das Gute im Menschen. Die vorgebrachten ökonomischen oder steuerrechtlichen Argumente sind sekundär; sie dienen bloß dem Zweck, an jenen moralischen Grundimpuls zu appellieren. Und der überzeugt durch sich selbst. Was hier dagegen über die katastrophalen Folgen eines Grundeinkommens für den Geldwert, die Einkommen der Bedürftigen, die Eigentumsverhältnisse, das Lenkungsproblem usw. ausgeführt wurde, hat demgegenüber den Nachteil, dass es rein sachlich gemeint ist und deshalb gegenüber dem Standpunkt der Grundeinkommensverfechter von vorneherein als *unmoralisch* erscheinen muss.

Doch nicht weil die inneren menschlichen Antriebskräfte verleugnet werden sollen, wird hier die Einführung eines bedingungslosen Grundeinkommens abgelehnt, sondern weil dieselben dadurch niemals zur Entfaltung kommen könnten. Dass der Mensch grundsätzlich imstande ist, sich zu sozialen Handlungen zu motivieren, wird hier vollumfänglich zugegeben. Bestritten wird aber erstens, dass das Mysterium des menschlichen Willens mit der Gegenüberstellung von »inneren« und »äußeren« Antrieben auch nur annähernd scharf genug beobachtet ist, um Schlüsse für eine menschenwürdige Einrichtung der Gesellschaft ziehen zu können. Zweitens ist nicht nachvollziehbar, warum solche Tätigkeiten, die der Mensch um ihrer selbst willen verrichtet, automatisch auch sinnvolle Tätigkeiten im Zusammenhang der arbeitsteiligen Wirtschaft sein sollten. Angenommen zum Beispiel, ein Mensch ist intrinsisch motiviert, Maisstärke zu Dextrose zu verarbeiten. Diese Tätigkeit als solche ist ökonomisch gesehen weder sinnvoll noch sinnlos. Zu einem bestimmten Zeitpunkt, wenn nämlich eine entsprechende Nachfrage vorhanden ist und nicht andere Bedürfnisse mehr Aufmerksamkeit erfordern, ist sie sinnvoll. Im nächsten Moment, wenn etwa der Markt übersättigt ist oder auf andere Zuckerarten zurückgegriffen wird, kann sie schon wieder sinnlos geworden sein. Der Sinn der Dextrose-Herstellung lässt sich also der Tätigkeit selbst gar nicht entnehmen, sondern ergibt sich erst aus der Bewertung ihrer Produkte durch das Marktgeschehen.

Es ist gerade das Wesen der arbeitsteiligen Weltwirtschaft, dass der Sinn einer Tätigkeit nicht mehr innerhalb derselben zu finden ist. Diesen Zusammenhang versucht übrigens auch Rudolf Steiner, auf den sich wie bereits erwähnt einige der bekanntesten Grundeinkommensvertreter irrtümlich berufen, in seinem Nationalökonomischen Kurs [5] am Beispiel der Fitnessübungen an einem Heimtrainer zu verdeutlichen: Das Treten der Pedale dient zunächst der eigenen Ertüchtigung. Das ist zwar anstrengend, aber keine Arbeit. Angenommen jedoch, der Heimtrainer treibt über eine Verrichtung eine Maschine an, welche wiederum in den Produktionsprozess einer Ware eingeschaltet ist, die entsprechend nachgefragt wird – dann handelt es sich beim Treten der Pedale um Arbeit. Die Tätigkeit ist beide Male dieselbe, ihr selbst kann man also nicht entnehmen, ob sie in sozialer Hinsicht sinnvoll ist oder nicht. Der Sinn der Arbeit liegt nicht in der Tätigkeit als solcher, sondern wird ihr durch die Organisation des Gemeinschaftslebens erst verliehen. [6]

Das Beispiel des Heimtrainers ist gut gewählt, weil es die zwei möglichen Wirkungsrichtungen menschlicher Anstrengung verdeutlicht: Die Anstrengung kann einen Sinn für denjenigen haben, der sie unternimmt, in diesem Fall in Form des Muskelaufbaus. Es kann aber auch von diesem Sinn ganz abgesehen werden, indem die Tätigkeit in den volkswirtschaftlichen Gesamtprozess so hineingestellt wird, dass sie durch ihn einen zweiten, sozialen Sinn erhält. Die Schwierigkeit bei

5. Rudolf Steiner: Nationalökonomischer Kurs (GA 340), Dornach 1965. Kostenlose Online-Ausgabe: www.dreigliederung.de/files/download/340.pdf

6. Ebd., S. 32.

der Beurteilung des »Werts« der Arbeit liegt nun darin, dass durchaus beide Blickrichtungen volkswirtschaftlich relevant sind. Einen unmittelbaren sozialen Sinn hat die Tätigkeit zwar nur, sofern sie durch die Einschaltung in die Arbeitsteilung den Bedürfnissen anderer Menschen dient. Doch auch ihre Rückwirkung auf den Arbeitenden selbst ist wirtschaftlich relevant: Ob der Mensch durch seine Arbeit gestärkt, geschwächt oder gar ruiniert wird, bestimmt, welche Kräfte er wiederum für andere aufbringen, bzw. was er wiederum die Gemeinschaft »kosten« wird. Man könnte diesen Aspekt die »Rückstrahlung« der Arbeit auf den Arbeitenden nennen.

Nun hat allerdings die Industrialisierung, und in gesteigertem Maße dann die sogenannte »Digitalisierung« dazu geführt, dass heute im Wesentlichen der zweite, soziale Sinn der Arbeit übrig geblieben ist. Je weiter die Arbeitsteilung voranschreitet, je einseitiger die Tätigkeiten also zwangsläufig werden, desto weniger kann davon gesprochen werden, dass die Arbeit auch für den Arbeitenden selbst einen Sinn hat. Die Wirkung der Arbeit auf den Menschen ist sogar, je stärker sie durch maschinelle bzw. digitale Vorgänge vermittelt wird, eine negative geworden, die den Arbeitenden zunehmend angreift. Sofern er also die Tätigkeit als solche ins Auge fasst, muss der Mensch eigentlich einen immer stärkeren Hass auf die Arbeit entwickeln. Dass dieser Zusammenhang von Sozialwissenschaftlern und Pädagogen oftmals nicht in der nötigen Klarheit gesehen wird, liegt schlicht daran, dass die Sache ausgerechnet bei diesen Berufen anders liegt und man dann von den eigenen Erfahrungen auf das Allgemeine glaubt schließen zu können. Für den Großteil der Menschheit bedeutet die Entstehung der modernen Wirtschaftsweise jedoch, dass ihre Tätigkeit *als solche* in demselben Maß sinnlos wurde, in dem ihr *sozialer Sinn* an Bedeutung gewann.

Das war nicht immer so. Wenn in früheren Zeiten der Bauer das Feld pflügte, der Schmied das Eisen schlug oder der Schäfer die Schafe weidete, so stand der Mensch mit seiner Tätigkeit in einem kosmischen Zusammenhang. Dass er dabei letztendlich auch eine Ware hervorbrachte, war nur der Nebeneffekt eines viel umfassenderen Geschehens. Die Beobachtung des Pflanzenwachstums, die Bearbeitung des Eisens, das Zusammenleben mit den Tieren hatte neben dem ökonomischen Zweck auch einen Sinn, der sich in der Tätigkeit selbst offenbarte. Und wenn nachher niemand das Brot gegessen, niemand das Hufeisen gekauft, niemand den Wollmantel getragen hätte, so wäre all die Mühe doch nicht ganz umsonst gewesen, weil das tätige Stehen in der Natur als solches bereits sinnvoll ist. Das ist heute grundsätzlich anders geworden. Vor einem viereckigen Kasten zu sitzen und mit den Fingern Tasten zu drücken ist für den Kosmos bedeutungslos. Zudem wirkt es krankmachend auf den Leib und ertötend auf die Seele und bedarf daher der Korrektur durch entsprechende Freizeit-Aktivitäten, wie z.B. das Nachahmen der Muskelbeanspruchung früherer Zeiten mit Hilfe eines Heimtrainers.

Dass die Technik zunehmend auch zu unterhalten versteht, sodass manche der sogenannten »digitalen Tagelöhner«[7] die selbstzerstörerische Wirkung ihrer Tätigkeit vielleicht gar nicht mehr spüren, ändert nichts an diesen Tatsachen. Gleichwohl sind die an sich destruktiven Tätigkeiten für die Bereitstellung unserer Einkommen oftmals notwendig und somit in diesem zweiten, rein ökonomischen Sinn durchaus *sinnvoll.* Dieser Zwiespalt muss zunächst voll empfunden werden, bevor über die zukünftige Organisation der Arbeit gesprochen werden kann. Intrinsischer und ökonomischer Sinn menschlichen Tuns fallen heute auseinander, stellen sich als gesonderte Lebensgebiete nebeneinander.

7. Vgl. www.faz.net/aktuell/beruf-chance/serie-anders-arbeiten-kreativ-auf-bestellung-15477169.html

Sich innerhalb der Arbeit »selbst zu verwirklichen«, d.h. wie das spielende Kind das Motiv in der Tätigkeit als solcher finden zu können, ist nur in ganz wenigen Lebensbereichen, etwa in der Kunst, noch möglich. Und aus dem Erleben dieses Auseinanderfallens von Tätigkeit und Sinnerfüllung ergeben sich die sozialen Forderungen der Gegenwart: Weil die Tätigkeit als solche sinnlos, für den Wirtschaftsorganismus aber notwendig ist, muss die Arbeitszeit demokratisch geregelt werden, damit der Mensch neben der Arbeit wiederum die Zeit für Tätigkeiten findet, die ihren Sinn in sich selbst tragen. Letztere treten nun aber rein, das heißt ohne Beimischung eines ökonomischen Zwecks zutage. Während z.B. im Kunsthandwerk des Mittelalters Arbeit und Kunst vereint waren, so stellen sich heute Arbeit und Kunst nebeneinander. Die Arbeit hat immer mehr den ausschließlichen Zweck, eine Ware hervorzubringen, während die Kunst ebenso ausschließlich den Sinn hat, den Menschen wiederum in einen kosmischen Zusammenhang hineinzustellen. Dadurch gliedert sich das soziale Leben heute in Wirtschaftsleben, Rechtsleben und Geistesleben.

Diese Gliederung muss durchschauen, wer irgendetwas zum sozialen Leben beitragen möchte, denn aus der Gestaltung dieser drei Glieder und ihrem Verhältnis zueinander ergibt sich die jeweils konkrete Gesellschaftsordnung. Wie muss das Geistes- und Kulturleben beschaffen sein, damit von dieser Seite her dem Menschen die Kräfte wieder zugeführt werden können, die er durch die Arbeit an der Maschine verbraucht? Wie muss das Rechtsleben geregelt werden, damit zwischen den geistigen Interessen des Individuums und den wirtschaftlichen Interessen der Gemeinschaft das Gleichgewicht gefunden werden kann? Und wie muss sich das Wirtschaftsleben organisieren, damit der Einzelne dem Wirtschaftsorganismus den Sinn seiner an sich sinnlosen Tätigkeit ablesen kann?

Der Begriff der Freiheit

Die Grundeinkommensbewegung macht geltend, dass heute vielfach »sinnlose« Tätigkeiten verrichtet würden, die besser zu unterlassen seien. Dieses Urteil ist jedoch völlig beliebig, solange nicht die Kriterien für eine solche Einteilung in »sinnvolle« und »sinnlose« Tätigkeiten benannt werden können. Offenbar rekurriert die Bewegung auf das subjektive Gefühl vieler Menschen, ihre Arbeit sei irgendwie sinnlos. Dieses Gefühl beruht in der Regel jedoch darauf, dass der Sinn an einem Ort gesucht wird, wo er heute tatsächlich nicht mehr gefunden werden kann. Ob die Arbeit sinnvoll ist oder nicht, kann eben überhaupt nicht mehr aus individueller Perspektive beurteilt werden. Der scheinbar so sozial wirkende Ansatz der Grundeinkommensbewegung, den Wirtschaftsorganismus davon abhängig zu machen, welche Tätigkeit der Einzelne selber sinnvoll findet, ist in Wahrheit zutiefst antisozial. Die soziale Frage der Gegenwart lautet gerade nicht: Wie kann der Mensch diejenige Tätigkeit verrichten, die ihn »intrinsisch« motiviert? Sondern sie lautet umgekehrt: Wie kann der Sinn der Arbeit, der objektiv da draußen vorhanden ist, eigentlich in das Subjekt hineinkommen und für dieses zum Motiv werden?

An dieser Frage wird der eigentliche Streit zwischen der Grundeinkommensbewegung und ihren Kritikern deutlich: das richtige Verständnis menschlicher Freiheit. Wer seinen Freiheitsbegriff von der oben skizzierten Affen-Logik ableitet, wird den für frei halten, dessen Tätigkeit intrinsisch motiviert ist, und denjenigen für unfrei, dessen Motiv in einer äußeren Notwendigkeit liegt und in diesem Sinn »zwingend« erscheint. Nun soll zwar nicht bezweifelt werden, dass Menschen in vielfacher Hinsicht Affen ähneln. Für eine Erklärung des sozialen Lebens aber ist der Verweis auf diese Affen-Ähnlichkeit ungenügend. Vielmehr käme es darauf an, konkret zu fassen, wie »Außenwelt« und

»Innenwelt« beim Menschen eigentlich bestimmt sind, und in welchem Verhältnis beide zueinander stehen müssen, damit der Mensch als »frei« und die soziale Ordnung als »menschenwürdig« gelten kann. Auch ein vermeintlich »innerer« Antrieb kann Ausdruck des Geschlechts, der charakterologischen Anlagen, der Sozialisierung usw. sein und insofern ebenso zwingen wie das vermeintlich »äußere« Motiv des Lohns.

Angenommen z.B., ein Mensch verspürt die Neigung, andere zu belehren, und wird deshalb Lehrer. Diese Neigung ist so stark, dass er dafür keinen Lohn haben will. Er braucht nur ein Grundeinkommen, um überhaupt überleben zu können. Gegenüber dem Arbeitszwang eines sozialistischen Systems etwa erscheint nun die Arbeit dieses »Lehrers« von »Innen«, und nach der Logik der Grundeinkommensanhänger »frei« motiviert zu sein. Nun ist der Mensch aber im Gegensatz zum Affen in der Lage, nicht bloß beim Ausleben seiner intrinsischen Motive stehenzubleiben. Nehmen wir also an, jener potenzielle Lehrer würde sich entgegen seiner Neigung für eine andere Arbeit entscheiden, weil er nach richtiger Beurteilung des Marktgeschehens zu dem Schluss kommt, dass er im Vertrieb eines Handelskonzerns eher gebraucht wird. Die hierzu nötigen Fähigkeiten eignet er sich mühevoll an, um der Gesellschaft so dienen zu können, wie es ihm nach Erkenntnis der wirtschaftlichen Notwendigkeiten richtig zu sein scheint.

Im ersten Beispiel folgt der Mensch seinen natürlichen Anlagen, handelt also aus dem Zwang seiner Natur heraus. Sofern die Wahl des Berufes wirtschaftlichen Notwendigkeiten entspricht, scheint auch im zweiten Beispiel Zwang zu wirken. Hier jedoch handelt der Mensch aufgrund einer Idee, die er selbst gebildet und für sich zum Motiv gemacht hat – und erreicht somit einen höheren Freiheitsgrad, als wenn er seinen natürlichen Anlagen gefolgt wäre. Zwischen den wirtschaftlichen Notwendigkeiten und dem Handeln steht hier die *denkende Durchdringung* derselben. Damit soll natürlich nicht behauptet werden, dass in Wahrheit extrinsische Motive freier machten als intrinsische, sondern nur, dass zur Bemessung des Freiheitsgrades diese Unterscheidung vollkommen irrelevant ist. Möglicherweise kann auch im ersten Beispiel von einer freien Handlung gesprochen werden – nämlich dann, wenn das intrinsische Motiv durch eine richtige Selbsterkenntnis hindurchgegangen ist.

Der Standpunkt der Verhaltensforschung ist also völlig richtig, denn in der Tat kann die Gegenüberstellung von intrinsischer und extrinsischer Motivation auf einen Menschen genauso gut angewendet werden wie auf einen Affen – aber nur, weil sie vollkommen inhaltsleer ist. Die Frage der menschlichen Freiheit wird damit gar nicht berührt. Zu ihrer Klärung müsste vielmehr bestimmt werden, was *im Hinblick auf den Begriff der Freiheit* Außenwelt bzw. Innenwelt genannt werden kann. Dann zeigt sich aber, dass gar nicht entscheidend ist, ob der Mensch intrinsischen oder extrinsischen Motiven folgt, sondern inwieweit er sich *beiden* gegenüberstellt und sich eine spezifisch menschliche Innenwelt erobern kann, indem er diese Motive in eine ideelle Sphäre hebt. Das äußere Geschehen mag genau dasselbe sein – für das Freiheitserlebnis macht es einen Unterschied, ob eine Handlung unmittelbar den Notwendigkeiten oder erst einer *Erkenntnis* derselben folgt.[8]

---

8. Die Klärung des Verhältnisses zwischen Freiheit und Notwendigkeit ist übrigens Gegenstand des Hauptwerks Rudolf Steiners, seiner »Philosophie der Freiheit« (GA 4). Insofern ist es ein Witz der Geschichte, dass ausgerechnet die Anthroposophische Gesellschaft in der Öffentlichkeit als Brutstätte der Grundeinkommensutopie wahrgenommen wird und die Anthroposophische Gesellschaft Deutschland e.V. mit der »Bochumer Erklärung« soeben von der Bundesregierung öffentlich die Einführung eines bedingungslosen Grundeinkommens forderte. Vgl. Johannes Mosmann: Die politische Position der Anthroposophischen Gesellschaft, in: Mitteilungen der Anthroposophischen Gesellschaft 3/2018, S. 22f. – www.dreigliederung.de/essays/2018-03-002-die-politische-position-der-anthroposophischen-gesellschaft

Handeln aufgrund einer Idee, die auf das eigene Triebleben als *Ideal* wirkt: Das kann der Affe nicht. Gleichwohl soll nicht geleugnet werden, dass die menschliche Freiheit nur durch eine solche Gesellschaftsform gefördert werden kann, welche dem Individuum zunächst auch die Möglichkeit gibt, seinen inneren Zwängen wie z.B. der Neigung zum Lehrerberuf nachgeben zu können. Möglich ist das Ausleben solcher Neigungen aber eben nur so weit, als er damit nicht in Widerspruch zu den Neigungen seiner Mitmenschen gerät. Möchten seine Mitmenschen gar nicht von ihm belehrt werden, sollen aber trotzdem länger arbeiten, damit dieser »Lehrer« ein Grundeinkommen erhält, so müssen sie im Namen der Freiheit einwenden dürfen: Wir möchten nicht von Dir belehrt werden, sondern benötigen Deine Mitarbeit auf anderem Feld, damit wir kürzer arbeiten und uns selbst belehren können. Somit stehen sich gegenüber die *Freiheit* des Auslebens der eigenen Neigungen und die *Notwendigkeiten*, die sich daraus ergeben, dass die Mitmenschen dieselbe Freiheit auch für sich fordern. Dieser Zusammenhang wurde hier als das »Lenkungsproblem« der Ökonomie bezeichnet und ausführlich behandelt. Insofern sind die Sachzwänge des Wirtschaftslebens kein Widerspruch zur Freiheit, sondern die andere Seite derselben. Anstatt Freiheit und Notwendigkeit gegeneinander auszuspielen, müsste man die Frage aufwerfen: Kann zwischen intrinsischer und extrinsischer Motivation das Band gefunden werden, welches ihren Gegensatz überbrückt? Gibt es die Möglichkeit, sich so zu den äußeren Notwendigkeiten zu stellen, dass diese von der anderen Seite her, als intrinsische Motivation, wiederum im Inneren aufleuchten?

Wie kann der Sinn der Arbeit wiedergefunden werden?

Angenommen, der Kapitalist würde in Zukunft nicht als Eigentümer, sondern als Treuhänder des Kapitals verstanden, so wie im vorigen

Kapitel erläutert. Eigentümer wären die Bürger als Treugeber. In dem Augenblick, da die Kapitalverwaltung nicht mehr im Einklang mit den Interessen der Gemeinschaft stünde, könnte sie auf einen anderen übertragen werden. Angenommen außerdem, die Arbeitszeit würde auf demokratischem Boden geregelt und wäre somit definiert, *bevor* der Mensch das Wirtschaftsleben betritt. Aufgrund dieser Begrenzung bestünde für niemanden mehr die Notwendigkeit, Arbeit und persönlichen Lebenssinn in Einklang zu bringen. Jeder könnte seine Arbeit als das betrachten, was sie in sozialer Beziehung ist: ein selbstloser Beitrag zum Gesamteinkommen. Angenommen ferner, in den verschiedenen Wirtschaftszweigen wirkten Persönlichkeiten, die sich nur der Aufgabe widmeten, im betriebs- und branchenübergreifenden Gespräch herauszufinden, wie das aktuelle Marktgeschehen zu beurteilen ist, an welcher Stelle aus *gesamtwirtschaftlicher* Sicht zum Zeitpunkt X mehr Arbeitseinkommen gebildet, an welcher Stelle dagegen Arbeitsplätze abgebaut werden müssen. So wie heute die Arbeitgeberverbände betriebsegoistische Interessen durchsetzen, so würden nun Verbände entstehen, deren Aufgabe gerade darin besteht, umgekehrt den Betriebsegoismus zu überwinden und Wachstum bzw. Stilllegung rein sachlich, gemessen an der realen Nachfragesituation, zu beurteilen.

Durch sein Verbundensein mit solchen betriebs- und branchenübergreifend agierenden Wahrnehmungs- und Beurteilungszusammenhängen könnte nun jeder Arbeiter an seinem Platz allmählich durchschauen, wie die eigene Tätigkeit im wirtschaftlichen Gesamtzusammenhang einzuordnen ist, welchen sozialen Sinn sie also *objektiv* besitzt. Seine rein persönlichen Lebensmotive würde er neben der Arbeit auf dem Boden eines freien Geisteslebens verfolgen, für das er jetzt aufgrund der demokratischen Beschränkung der Arbeitszeit viel Zeit hätte. Hier, im Geistesleben, würde er Betätigungen nachgehen können, die als solche sinnvoll sind. Und diese würden ihm wiederum die Kraft geben, nun für eine begrenzte Zeit am Tag eine Tätigkeit auszuüben, die für ihn selbst vielleicht gar keinen Wert hat, aber für die Gemeinschaft lebenswichtig ist: *Arbeit* im eigentlichen Sinn des Wortes. Zu dieser Arbeit könnte er sich motivieren, weil er durch jenes betriebs- und branchenübergreifende Gespräch erstmals in der Lage wäre, ihren objektiven Sinn tatsächlich zu beurteilen. Jeder Mensch würde allmählich ein lebendiges Bild der fluktuierenden, wechselseitigen Beziehungen zwischen den Wirtschaftszweigen, zwischen Konsum und Produktion gewinnen und seine Tätigkeit daran ausrichten können. In diesem Augenblick aber wäre der Gegensatz zwischen intrinsischer und extrinsischer Motivation aufgehoben. Zwar sind die ökonomischen Zusammenhänge nach wie vor ebenso notwendig wie die inneren Zusammenhänge des menschlichen Organismus. So wenig, wie das Gehirn frei entscheiden kann, die Funktion der Niere zu übernehmen, so wenig kann frei entschieden werden, wie viele Menschen in der einen und wie viele in der anderen Branche arbeiten. Ob dieser notwendige Zusammenhang auch als Gegensatz zur Freiheit erlebt wird, steht allerdings auf einem anderen Blatt. Ein notwendiger Zusammenhang kann aufhören mich zu zwingen, und zwar dann, wenn ich nicht mehr bloß in ihn eingespannt bin, sondern ihn mir als Ganzes zugleich bildhaft gegenüberstellen und mein Verhältnis hierzu denkend selbst bestimmen kann. Wenn ich durchschaue, wie mein Konsum und meine Arbeit sich in dem die Welt umspannenden Menschheitsorganismus als Lebens- oder Sterbeprozesse ausnehmen, wird es mir möglich, dasjenige, was extrinsische Notwendigkeit ist, auch innerlich fühlend zu wollen.

Hierin unterscheidet sich eben der Mensch vom Affen, dass er die Natur überwinden kann, indem er sie als *geistige* innerlich wieder zum Leben erweckt. Und damit beginnt erst das soziale Leben. Ein wirklich freier Mensch fühlt sich nicht dadurch eingeengt, dass er den Notwendigkeiten folgt, die in seiner Mitgliedschaft zum Menschengeschlecht begründet sind. Vielmehr findet er die allgemeinen Menschheitsziele intrinsisch wieder und strebt danach, sein äußeres Handeln mit ihnen in Einklang zu bringen – eben dies ist der Grund, weshalb radikal auf die menschliche Freiheit gebaut werden darf. Wenn die Grundeinkommensbewegung also an das Gute im Menschen glaubt, so wird sie auch glauben dürfen, dass der Einzelne einen einheitlichen Weltwirtschaftsorganismus wirklich wollen kann – und deshalb in seinem tiefsten Innern einen subjektivistischen Arbeitsbegriff, wie ihn diese Bewegung propagiert, ablehnt.

Mit dem Heraufkommen der Weltwirtschaft ist die Erde ein einziger, sozialer Organismus geworden. Bürgerschaftliche bzw. nationalwirtschaftliche Zugehörigkeitsgefühle, an welche die Grundeinkommensbewegung appelliert, können deshalb die Einkommensfrage, wie sie sich heute stellt, niemals fassen. Gleichzeitig ist der Mensch von der Anschauung einer durchgeistigten Natur herabgestiegen zu jenem äußerlich-abstrakten Gegenstandsbewusstsein, wie wir es heute kennen. Dieses Bewusstsein befähigt ihn, äußerlich organisierend in die Natur einzugreifen, d.h. Technik hervorzubringen. Gegenüber der Wirtschaft ist dasselbe Bewusstsein aber machtlos. Mithilfe der Technik kann er zwar die einzelnen Warenvorgänge buchhalterisch und statistisch erfassen, sodass er Abbilder der äußeren Vorgänge gewinnt. Diese Abbilder sind jedoch im Moment ihres Entstehens schon hinfällig, da sie sich grundsätzlich nur auf Vergangenes beziehen können. Wer hierbei stehenbleibt, muss die Zukunft erspekulieren. *Wirtschaften* bedeutet jedoch, Vergangenes und Zukünftiges in ein Verhältnis zu setzen. Und das Zukünftige, an welchem sich die Arbeit ja orientieren muss, kann nur erfasst werden, wenn sich die ständig fluktuierenden, aus wechselnden Bedürfnissen und Produktionsverhältnissen resultierenden Wertverhältnisse in einem lebendigen Bild als Gesamtprozess ausdrücken. Dieses Bild muss sich aus zwei Quellen speisen: Zum einem aus dem, was durch die Menschen, die in den konkreten Wirtschaftsprozessen stehen, in den oben beschriebenen betriebs- und branchenübergreifend agierenden Wahrnehmungs- und Beurteilungszusammenhängen zusammengetragen wird, zum anderen aus dem, was der Mensch aus innerer Aktivität als Anschauung des volkswirtschaftlichen Prozess hervorbringen kann. Bleibt der Mensch dagegen beim äußeren, nur durch Statistiken gewonnenen Abbild stehen, wird er auf sich selbst zurückgeworfen. Dann muss er fragen: »Was würdest Du tun, wenn für Dein Einkommen gesorgt wäre?« [9]

Die Technik befreit uns aus der Umklammerung der Natur. Dafür zahlen wir einen hohen Preis. Denn die Natur kann nun unsere Tätigkeit nicht mehr so inspirieren, dass wir den Sinn der Arbeit unmittelbar in unserer Tätigkeit erleben. Zwischen uns und die Natur hat sich die tote Welt der Maschinen geschoben. Letztere ist überhaupt der Erzieher der Menschheit geworden und inspiriert uns heute im wahrsten Sinn des Wortes extrinsisch. Wenn wir nun nicht durch Gier, Angst oder Macht zur Arbeit angetrieben und so selbst immer mehr in die Maschinenwelt integriert werden wollen, müssen wir durch die Technik hindurch ganz neuartige Beziehungen von Mensch zu Mensch aufbauen. Diese können nicht länger von den ebenfalls natürlich gewachsenen Familien-, Bluts- oder Volkszusammenhängen abhängen. So wie früher der Mensch aus der Natur heraus die Inspiration zur Arbeit empfing, so muss er nun die Inspiration aus dem sozialen Leben, aus den unmittelbar menschlichen Beziehungen heraus empfangen können, wenn er frei bleiben soll.

9. www.manager-magazin.de/politik/europa/debatte-um-grundeinkommen-geht-nach-schweizer-nein-weiter-a-1095977.html

Eine solche rein menschliche Inspiration zur Arbeit, die uns wiederum von neuem intrinsisch motivieren kann, hat aber ganz konkrete soziale Einrichtungen zur Voraussetzung. Sie stellt sich nur ein, wenn wir

- unseren Mitmenschen bezüglich des Maßes der Arbeitszeit und des Rechts am Produktionsmittel als Gleiche unter Gleichen gegenübergestellt sind
- in allen kulturellen, wissenschaftlichen oder religiösen Fragen ausschließlich unseren individuellen Impulsen zu gehorchen haben
- durch kooperative Lenkung der Arbeits- und Ressourcenverteilung einen solidarischen Ausgleich unserer gegensätzlichen wirtschaftlichen Interessen bewirken können.

Der Sinn der Arbeit wird wiedergefunden werden, sobald der Mensch in dreifacher Weise seine Menschenwürde zurückgewinnt. Gegenüber der Utopie einer Staatsrente, die einfach nur »beschlossen« werden müsste, erscheint die damit angedeutete Dreigliederung der sozialen Prozesse in demokratisches Rechtsleben, freies Geistesleben und brüderliches Wirtschaftsleben vergleichsweise schwierig. Nichtsdestotrotz ergibt sich allein auf diesem Weg eine dem digitalen Zeitalter gewachsene Einkommensordnung. Und sobald sich jene Menschen, die gegenwärtig noch von bedingungslosem Konsum träumen, für die praktischen Aufgaben der Gegenwart zu interessieren beginnen, insbesondere für das Lenkungsproblem, das Verhältnis zwischen Geistes- und Wirtschaftsleben, die Zukunft der Rente, das Eigentumsrecht und die Regelung der Arbeitszeit, hat sie auch eine reale Chance.

Sofern die Grundeinkommensbewegung eine Kritik an den Zwangsverhältnissen der Gegenwart zum Ausdruck bringt, kann ihr nur zugestimmt werden. Bezüglich der Detailfrage, ob sich eine Besserung bereits durch »eine kleine Änderung in den bestehenden Verhältnissen«[10] herbeiführen ließe, d.h. dadurch, dass die Bundesregierung jedem Einwohner einen gewissen Geldbetrag auszahlte, muss aber darauf hingewiesen werden, dass zwischen einer berechtigten Kritik an den bestehenden Verhältnissen und einer Erkenntnis oder gar Umgestaltung derselben doch eine gewisse Kluft liegt.

10. Daniel Häni & Philip Kovce: Was fehlt, wenn alles da ist; Zürich 2015, S. 136

Der Dämon Europas

Im Folgenden soll nun die Idee eines bedingungslosen Grundeinkommen vor dem Hintergrund der »Weltpolitik« beleuchtet werden. Dabei wird deutlich, inwieweit jedes Einkommen bereits jetzt eine »Rechtsfrage« ist und welche Perspektive demgegenüber eingenommen werden müsste, um zu einem menschenwürdigen Einkommen *für alle* zu kommen. Anschließend wird gezeigt, wie der Neoliberalismus eine Polarisierung der »öffentlichen Meinung« initiiert und damit bewirkt, dass die realen Zusammenhänge des Wirtschaftslebens unerkannt bleiben.

Menschenrecht oder nationales Vorrecht?

Wie in den Auseinandersetzungen der vorangegangenen Kapiteln sichtbar wurde, würde die Einführung eines bedingungslosen Grundeinkommens nicht zu einer Erleichterung für einkommensschwache Haushalte führen, sondern deren Situation erheblich verschlechtern. Doch einmal angenommen, sämtliche hier vorgebrachten Argumente gingen in die Irre und es wäre tatsächlich möglich, die Einkommensfrage zu einer *Rechtsfrage* zu machen und auf diesem Weg jedem Menschen zu einem menschenwürdigen Grundeinkommen zu verhelfen. Dann müsste geklärt werden, wer eigentlich »jeder Mensch« ist, wer also in den Genuss eines solchen Rechts kommen soll?

Auf die Frage, ob die Einführung eine bedingungslosen Grundeinkommens nicht zu einer massenhaften Zuwanderung führen würde, antwortet der dm-Chef und bekennende Anthroposoph Götz Werner jedenfalls: »Wir verfügen doch längst über ein Regelwerk, das die Zuwanderung in unser Sozialsystem begrenzt. Die Schweiz ist in dem Punkt noch deutlich restriktiver. Man muss dieses Modell nicht gut finden, aber es zeigt: Man kann der sogenannten Zuwanderung in den Sozialstaat wirkungsvoll Grenzen setzen.«[1] Das klingt zynisch. An anderer Stelle äußert Werner allerdings auch, dass das Grundeinkommen als Menschenrecht anzusehen und deshalb eigentlich überall einzuführen sei. Die Einführung in Deutschland und die daraus resultierende Zuwanderungsproblematik versteht er also offenbar als Etappe auf dem Weg zu einem größeren Ziel. Auch auf der Webseite der Initiative »Netzwerk Grundeinkommen« kommt diese Auffassung zum Ausdruck: »Das Grundeinkommen ist ein Menschenrecht, nicht ein Recht, das an eine bestimmte Nationalität gebunden ist. Das Ziel des Netzwerks ist die europa- und weltweite Einführung des Grundeinkommens und der Zugang aller Menschen zu einem Grundeinkommen, egal wo sie leben. Bei der Einführung eines Grundeinkommens zunächst in einem Land sollen auch Ausländerinnen und Ausländer das Grundeinkommen erhalten.«[2]

Demnach müsste jedem Menschen auf dieser Erde ein so hohes Einkommen zugesprochen werden, dass er dadurch gewisse Grundbedürfnisse befriedigen kann – unabhängig von seiner Staatsangehörigkeit. Man dürfte nicht anfangen, Unterschiede in der Definition von »Menschenwürde« zu machen, je nachdem, ob man von einem Deutschen, oder z.B. einem Kongolesen spricht. Wenn also das Menschenrecht in Deutschland z.B. bedeutet, dass jeder Mensch sich gesund und ausgewogen ernähren, gute Kleidung tragen, Miete bezahlen, Möbel erwerben, Auto fahren, im LTE-Standard telefonieren und die Kinder auf eine gute Schule schicken kann, dann bedeutet dieses Recht im Kongo dasselbe.

1. Interview mit Götz Werner im Weser Kurier vom 15.07.2017 – www.weser-kurier.de/bremen/bremen-wirtschaft_artikel,-unser-konzept-kostet-70-milliarden-euro-pro-jahr-_arid,1625104.html
2. Netzwerk Grundeinkommen, Onlineabruf vom 01.10.2018 unter www.grundeinkommen.de/grundeinkommen/fragen-und-antworten

Es dürfte nicht vorausgesetzt werden, dass ein Kongolese quasi von Natur aus weniger Bedürfnisse befriedigen muss als ein Deutscher. Wie aber könnte ein solches Recht erfüllt werden, auf welchem Weg könnte die Menschheit zu einer wirklichen Einkommensgerechtigkeit gelangen?

Wie der Rassismus uns ernährt

Gegenwärtig liegt das Real-Einkommen selbst eines gut verdienenden Kongolesen deutlich unter dem Real-Einkommen eines Hartz-IV-Empfängers in Deutschland – obwohl beide Teil derselben, arbeitsteiligen Wirtschaft sind. Rund 12 Millionen Kongolesen arbeiten im Bergbau und fördern u.a. den Großteil des weltweiten Kobalt- und Coltan-Bedarfs für die Herstellung von z.B. Smartphones, Laptops und Autobatterien. Etwa 40.000 dieser Minenarbeiter sind Kinder, oftmals erst 7 oder 8 Jahre alt, die für etwa 50 Euro Monatsgehalt 12 Stunden täglich Gesundheit und Leben riskieren. Deutsche konsumieren die im Kongo geförderten Rohstoffe, indem sie Elektronik-Geräte wie z.B. Kühlschränke, Fernseher oder Fahrstühle nutzen. Nichts würde in Deutschland ohne die übermenschliche Leistung der Bewohner im »Herzens Afrikas« funktionieren. Ein wesentlicher Teil des Real-Einkommens der Deutschen wird also von Kongolesen erwirtschaftet. Hier stellt sich zunächst die Frage: Wenn Deutsche offenbar die Erzeugnisse von Kongolesen so dringend brauchen, wie kommt es dann, dass die Kongolesen dafür nicht die Preise nehmen, die ihnen ein menschenwürdiges Leben ermöglichen könnten?

Um das zu verstehen, muss man verfolgen, was umgekehrt von Deutschland in den Kongo fließt. Deutsche Unternehmen liefern vor allem Know-How und Maschinen, und zwar vorrangig für den Betrieb der Minen, in denen die Kongolesen arbeiten. Was so von Deutschland in den Kongo fliesst, gehört im Kongo dann allerdings auch wieder Deutschen, oder anderen Mitgliedern der internationalen Konsortien, die dort die Minen betreiben, darunter z.B. der hier bereits erwähnte Schweizer Konzern Glencore, oder Randgold Resources, an der die Schattenbank BlackRock wiederum knapp 18% hält, usw. Das heißt: die Kongolesen geben die Arbeit ihrer Hände, die Deutschen dafür die Technologie, also das Produkt ihres Geisteslebens – aber eigentlich geben die Deutschen ihre geistigen Erzeugnisse nicht wirklich. Denn der Geist verbindet sich hier mit dem römischen Erbe in Form der juristischen Person, dem Patent, dem käuflichen Eigentum usw., und staut sich dadurch gewissermaßen zurück. Obwohl real in Zentralafrika verortet, fällt der Großteil der Wertschöpfung *rechtlich* gesehen dem Westen zu, wird also »Recht auf Einkommen« u.a. auch für deutsche Staatsbürger.

Während die Weißen über die »politisch korrekte« Bezeichnung für einen Schwarzen philosophieren, leben sie vom System gewordenen Rassismus. Das Geistesleben der Weißen hat im Laufe der mitteleuropäischen Kulturgeschichte Naturwissenschaften, Technik und Geldwesen zur Blüte getrieben und versteht es nun, sich mit Hilfe dieser Erfindungen selbst die Arbeit zunehmend zu ersparen, indem es die Körper der Schwarzen verbraucht. Das ist der realwirtschaftliche Unterboden jener »Digitalisierung«, von welcher die Grundeinkommensbewegung sich nun die endgültige »Befreiung von der Erwerbsarbeit« erhofft. Gelingt einem Schwarzen die Flucht nach Europa, nennen ihn die Weißen abwertend »Wirtschaftsflüchtling« – als sei es etwas Anrüchiges, sich der Ausbeutung zu entziehen. Doch der andere Weg, nämlich im eigenen Land zu bleiben und sich dieses zurückzuerobern, ist ausgeschlossen. Die »westliche Staatengemeinschaft« garantiert den westlichen Investoren nämlich »Rechtssicherheit« im Kongo und paktiert zu diesem Zweck mit Diktatoren und Warlords. Ein wichtiger Baustein sind dabei die sogenannten »Investitionsschutzabkommen«, die zwischen allen Drittweltländern und westlichen Staaten bestehen, so auch zwischen der Bundesrepublik Deutschland und der »Demokratischen Republik Kongo«. Die Abkommen garantieren äußerst trickreich den Abfluss der Werte in die westliche Hemisphäre, »schützen« Konzerne und Pensionsfonds vor demokratischen Entwicklungen und delegieren Streitigkeiten an internationale Schiedsgerichte. Diese *Architektur der Ausbeutung*, die im Folgenden noch genauer beschrieben wird, hat die Bundesregierung in allen »lohnenden« Drittwelt-Ländern installiert. Insofern ist die Mehrheitsmeinung der Deutschen, dass »Kriegsflüchtlinge« (vielleicht) willkommen seien, »Wirtschaftsflüchtlinge« dagegen »zu Hause bleiben« und besser mal das »eigene« Land auf Vordermann bringen sollten, im besten Fall Ausdruck einer vollständigen geistigen Amnesie des einstigen Volks der »Dichter und Denker«, im schlimmsten Fall aber ein ganz bewusster, menschenverachtender Opportunismus.

Die Architektur der Ausbeutung

Deutschland war bei der Errichtung dieser Architektur federführend, wie Friederike Diaby-Pentzlin, Professorin für Gesellschafts- und Wirtschaftsvölkerrecht an der Hochschule Wismar, erläutert: »Im Gegenschlag der heutigen Verlierer kam es ab den 1950er Jahren im Zusammenhang mit politischen und wirtschaftlichen Dekolonisationsprozessen zum Teil zu spektakulären Enteignungen. Die Eigentumsschutz-Regeln des allgemeinen gewohnheitsrechtlichen Völkerrechts (»Fremdenrecht«) boten aus Sicht der Investoren dagegen keinen ausreichenden Schutz. Daher wurde zum einen versucht, Konzessionsverträge zwischen Investor und Gastgeberstaat aus der Sphäre des nationalen Wirtschaftsrechts auf die Ebene des Völkerrechts zu ziehen. Sogenannte »Stabilitätsklauseln« sollten das Recht des Gastgeberstaates zum

Zeitpunkt des Vertragsabschlusses einfrieren, um spätere Enteignungen unmöglich zu machen. »Internationalisierungsklauseln« sollten den direkten Weg zur internationalen Schiedsgerichtsbarkeit und dort auch die Anwendung von völkerrechtlichem Enteignungsschutz sicherstellen. Außerdem entwarfen 1959 der Direktor von Shell Petroleum, Rechtsanwalt Shawcross, und der Vorstand der Deutschen Bank, Abs, die sog. *Abs-Shawcross Draft Convention on Investment Abroad* mit hohem Schutzstand. Sie formulierten »gerechte und billige Behandlung« (fair and equitable treatment – FET) von Investitionen und bereiteten damit dem Konzept von sog. indirekten Enteignungen den Boden.«[3]

Unter »indirekten« Enteignungen sind Maßnahmen zu verstehen, die den »Wert« einer Investition schmälern. Ändern sich z.B. in dieser Hinsicht die Rechtsverhältnisse zu Ungunsten der Konzerne, wie z.B. durch die Anhebung des Tagelohns von zwei Dollar auf einen menschenwürdigen Mindestlohn, können letztere auf Grund der Investitionsschutzabkommen Schadensersatz fordern, wofür wiederum die Bundesregierung einstehen muss. Sofern also z.B. die Rechtsverhältnisse in afrikanischen Ländern, die den gegenwärtigen »Wert« der deutschen Investitionen begründen, im hier bedeuteten Sinn tatsächlich als Unrechtsverhältnisse anzusehen sind, garantiert die Bundesregierung die Unrechtsverhältnisse in diesen Ländern – wodurch der deutsche Staat ein innewohnendes Interesse an der Kooperation mit den antidemokratischen und anti-freiheitlichen Kräften in jenen Ländern und der Unterstützung entsprechender kriegerischer Konflikte gewinnt.

Weiter schreibt Diaby-Pentzlin: »Ein Diskriminierungsverbot und damit das Gebot der Gleichbehandlung mit nationalen Unternehmen

3. Prof. Dr. jur. Friederike Diaby-Pentzlin: Auslandsinvestitionsrecht und Entwicklungspolitik – Derzeitiges bloßes internationales Investitionsschutzrecht vertieft Armut; Wismarer Diskussionspapiere No. 05/2015, Onlineabruf vom 01.10.2018 unter www.econstor.eu/bitstream/10419/125134/1/841258074.pdf

beabsichtigte, die Förderung und Bevorzugung junger lokaler Industrien der Gaststaaten zu illegalisieren; eine Abschirmklausel (umbrella clause) flankierte die Konzessions- und Investitionsverträge zwischen Staaten und Unternehmen und schrieben nun auf völkerrechtlicher Ebene alle Rahmenbedingungen (Steuern, Umweltauflagen etc.) von Verträgen mit Privatpersonen fest und stellten damit den von den Investoren angestrebten Verzicht der Gaststaaten auf ihre Souveränität auf völkerrechtlicher Ebene unstreitig und dauerhaft sicher. Ein Annex enthielt Formulierungen zur Einrichtung einer Investor-Staat Schiedsgerichtsbarkeit. Als Konvention scheiterte dieser Entwurf der wichtigsten damaligen Wirtschaftskapitäne Englands und Deutschlands. Die einseitigen Regeln zum Schutz ausländischen Eigentums hielten jedoch noch im selben Jahr Einzug in das erste bilaterale Investitionsschutzabkommen zwischen Deutschland und Pakistan. Noch bis heute orientieren sich über 3000 bilaterale Investitionsschutzabkommen in weiten Teilen an dieser Wunschliste von Shell und Deutscher Bank. Die Idee der Investor-Staat-Schiedsgerichtsbarkeit wurde sechs Jahre später, 1965, von der Weltbank mit Einrichtung des International Centre for Settlement of Investment Disputes (ICSID) umgesetzt [...]

Deutschland ist mit über 130 seit 1959 abgeschlossenen Schutzabkommen führend. Eine erste Generation von BITs (Bilaterale Investitionsschutzabkommen) orientierte sich am Vorbild des Abs-Showcross-Entwurfs, fügte nur das Prinzip der Meistbegünstigung hinzu: alle Vorteile, die ein Vertragspartner erhält, müssen nach diesem Prinzip auch allen anderen Vertragspartnern gewährt werden. Nach dem Mauerfall kam es mit einer zweiten Generation von BITs nochmals zu einer deutlichen Erhöhung des Investitionsschutzes, insbesondere durch Klauseln für freien Markteintritt vor allem in US-amerikanischen BITs und durch Einbeziehung vorbehaltloser Investor-Staat-Streitbeilegungsmechanismen.

Materiell-rechtlich wird der Begriff von Investition in (bilateralen, regionalen oder sektoralen) internationalen Investitionsabkommen (IIA) der zweiten Generation sehr weit ausgelegt. Gemeint sind alle transnationalen Wirtschaftstätigkeiten von Errichtung von Fabriken, Aufnahme von Dienstleistungen, Fusionen und Übernahmen über Erwerb von Aktienanteilen, Rechte des geistigen Eigentums und öffentlich-rechtliche Konzessionen bis zu allen Ansprüchen auf Geld, das verwendet wurde, einen wirtschaftlichen Wert zu schaffen. Regulierungen werden den Gaststaaten verboten, etwa die Verpflichtung, einen bestimmten Anteil von einheimischen Arbeitskräften zu berücksichtigen, einen bestimmten Anteil des Gewinnes aus der Investition zu reinvestieren oder einen bestimmten Prozentsatz der Warenproduktion zu exportieren – alles »Performance«-Auflagen, die in den 1960er und 1970er Jahren zur In-Wert-Setzung der Auslandsinvestitionen im Recht der Gastgeberstaaten entworfen wurden und z. B. sehr wichtig für den Erfolg der südostasiatischen Staaten waren. Freier Kapitalverkehr wird umfassend bis zum völlig unbeschränkten Rücktransfer von Gewinnen in ein anderes Land vorgeschrieben. Unter dem Radar der Öffentlichkeit bekamen zuerst vor allem die Entwicklungsländer die negativen Auswirkungen von BITs und den zügig ansteigenden Investor-Staat-Schiedsverfahren zu spüren. Ob Umwelt-, Arbeits-, Verbraucher- oder Gesundheitsschutz, ob Mindestlohn oder Steuererhöhung, stets können Investoren gegen Gastgeberstaaten klagen, wenn sie ihre »legitimen Erwartungen« auf Gewinn geschmälert sehen.«[4]

Das Ideal der Brüderlichkeit

Die Deutschen sind *angewiesen* auf die Arbeitserzeugnisse der Afrikaner. Hätten die Deutschen nicht den »starken Staat« hinter sich, könn-

4. Ebd.

ten die Kongolesen deshalb auch die Preise ansetzen, die sie tatsächlich nehmen müssen – und die Deutschen würden ihrerseits abhängig von der Nachfrage der Kongolesen. Zwischen den Einkommen von Deutschen und Kongolesen würde sich ein mittleres Niveau einpendeln, sobald Leistung und Gegenleistung ohne Dazwischenschaltung von »Rechten« frei verhandelt werden könnten. Die Einwohner des an Bodenschätzen so unfassbar reichen Kongo würden ein menschenwürdiges Einkommen beziehen – während Deutschland dafür wohl ingesamt ärmer würde. So konkret muss heute das Ideal der »Brüderlichkeit« gefasst werden – diese ist keine abstrakte Moralvorstellung, sondern ein in der Natur der Weltwirtschaft verankertes Prinzip. Seit dem Heraufkommen der Weltwirtschaft ist *wirtschaftlich* gesehen nur der *Altruismus* möglich, denn wer in einer arbeitsteiligen Weltwirtschaft den anderen schädigt, schädigt sich selbst – es sei denn, er hat das »Recht« auf seiner Seite. Der *Egoismus* kann nur über den Umweg des Staates in die Wirtschaft gelangen, mit Hilfe der in dieser Schrift skizzierten Mittel. Die Wirtschaft *als solche* aber strebt danach, ihn zu überwinden, denn wirtschaftlich gesehen ist jeder Mensch das Glied eines die Welt umspannenden Gesamtorganismus. Eine menschenwürdige Gesellschaft ist somit erst möglich, wenn das Wirtschaftsleben die Möglichkeit erhält, sich selbständig nach seinen eigenen Gesetzmäßigkeiten zu entfalten – wie das zu verstehen ist und wie Liberalismus und Neoliberalismus hierzu stehen, wird unten noch genauer erläutert.

Der Einwand, dass auch bei einem direkten, rein wirtschaftlichen Austausch die eine Seite die andere übervorteilen könnte, z.B. weil die Deutschen auf wissenschaftlichem Gebiet überlegen seien und deshalb immer das Geistesleben in Form eines technologischen Vorsprungs in das Wirtschaftsleben hineinspielte, ist indes richtig. Deshalb ist hier eben nicht die Rede von einem Dualismus zwischen Staat und Wirtschaft, sondern von einer Trinität aus einem jeweils selbständigen

Staatsleben, Wirtschaftsleben und Geistesleben. Entlässt der Staat auf der einen Seite das Wirtschaftsleben und auf der anderen Seite das Geistesleben in die Freiheit, hört augenblicklich die Möglichkeit auf, die Genies dieser Erde für die Übervorteilung anderer einzuspannen. Denn nur solange der Staat z.B. das »Patent« in den Leistungstausch zwischen den körperlich und geistig arbeitenden Menschen schaltet, ist die Illusion aufrecht zu erhalten, Dritte könnten geistige Erzeugnisse »besitzen« und sogar »handeln«. Beim Erwerb von Maschinen und Technologie, indirekt aber auch beim Kauf jeder beliebigen Ware muss der Schwarze Kontinent heute die Ideen oftmals längst verstorbener europäischer Genies bezahlen. Doch so wie der Satz des Pythagoras der ganzen Menschheit gehört, so *in Wahrheit* z.B. auch der Großteil der rund 140.000 Patente im Besitz der Firma Bosch.[5] Bezahlt werden kann nämlich nur der *geistige Arbeiter,* solange er in Verbindung mit seinem geistigen Erzeugnis steht, also wenigstens lebt – der *Geist an sich* ist dagegen unbezahlbar. Löst sich der Zusammenhang zwischen tätigem Genie und seinem geistigem Erzeugnis, zum Beispiel durch den Tod, hört in einem freien Geistesleben auch die Möglichkeit auf, irgendjemanden für letzteres zu bezahlen.

Der »Fortschritt« kann niemanden mehr versklaven, sobald nicht nur das Wirtschaftsleben, sondern auch das Geistesleben auf seinen selbständigen Boden gestellt und so überhaupt einmal grundsätzlich ebenfalls als *soziales* Glied gedacht werden kann, das heißt, wenn das geistige Erzeugnis nicht mehr staatlich subventioniert und dann privatwirtschaftlich besetzt wird, sondern der gegenseitigen Kulturförderung im Sinne eines »freien Geisteslebens« dient. Dann stehen sich auch hier Leistung und Gegenleistung unmittelbar gegenüber, sodass der geistige Arbeiter ebenso auf das Verständnis und die Wertschätzung seiner

5. www.patsnap.com/resources/innovation/bosch

Mitmenschen angewiesen sein wird, wie jene auf das Bedürfnis nach den Erzeugnissen ihrer Hände Arbeit. Das nun ebenfalls selbständig werdende Staatsleben wird dann seinerseits nunmehr ausschließlich *rein rechtliche* Fragen zu behandeln haben und gerade deshalb den körperlich arbeitenden Menschen erstmals wirklich vor der Ausbeutung durch jene, die sich die körperliche Arbeit Dank ihres Genies ersparen können, schützen – z.B. durch die hier bereits erwähnte demokratische Regelung die Arbeitszeit.

Die Grundeinkommensbewegung übersieht die banale Tatsache (oder nimmt sie billigend in Kauf), dass sich ein Recht nur dann auf das Einkommen auswirkt, wenn es als privates oder nationales Vorrecht einer der beteiligten Parteien verstanden wird. Sobald das Recht dagegen als das allen gleiche Menschenrecht wirkt, »wiegt« es im Verhältnis von Leistung und Gegenleistung gar nichts mehr und ist deshalb für die Höhe der Einkommen irrelevant. Haben alle das gleiche Recht als Ausgangslage, ergibt sich das Einkommen eben nicht mehr durch ein »Recht«, sondern aus der Sache, d.h. dem frei verhandelten Verhältnis von Leistung und Gegenleistung. An die Stelle der heutigen Vorrechte-Gesellschaft tritt eine *Leistungsgesellschaft* im eigentlichen Sinn des Wortes.[6] Dann erst ist ein menschenwürdiges Einkommen für alle Bewohner der Erde möglich. Die Befürworter eines bedingungslosen Grundeinkommens verwechseln eben das Recht mit der Erfüllung des Rechts: So wie jeder Mensch das Recht auf seine freie Meinung haben sollte, diese Meinung aber gerade deshalb nicht vom Staat gesagt bekommen kann, so sollte jeder Mensch das Recht auf ein menschenwürdiges Einkommen haben, *weshalb* dieses nicht durch eine Staatsmacht bewirkt werden kann, sondern nur durch ein sich

6. Dass ausgerechnet der Liberalismus, der die allergrößte Angst vor einer Leistungsgesellschaft hat, mit diesem Begriff in Zusammenhang gebracht wird, zeigt einmal mehr den Verlust jeglichen Wirklichkeitsbezugs des sog. »öffentlichen Diskurses«.

selbstverwaltendes Wirtschaftsleben. Dass diese Zusammenhänge für viele heute so schwer nachzuvollziehen sind, ist insbesondere auf die jahrzehntelange Einübung neoliberaler Denkmuster durch Schule, Universität und den »öffentlichen Diskurs« zurückzuführen, weshalb im Folgenden noch ein Blick auf diese geworfen werden soll.

Neoliberale Gehirnwäsche

Der liberale Begriff von »Wirtschaft« provoziert den Ruf nach einem »starken Staat«. Die »linken« Kritiker hinterfragen allerdings nicht, ob der Liberalismus überhaupt richtig erkannt habe, was »die Wirtschaft« sei, sondern wollen eben »den Staat« gegenüber »der Wirtschaft« gestärkt sehen, oder »die Wirtschaft« im Extremfall »dem Staat« einverleiben. Das heißt, sie übernehmen die liberale Definition von »Wirtschaft« als ungeprüfte Voraussetzung und geben so die Sparrings-Partner des Liberalismus. Sie übersehen dabei, dass in der vom Liberalismus initiierten Dialektik zwischen »dem Staat« und »der Wirtschaft« das reale Wirtschaftsleben und das reale Staatsleben gar nicht vorkommen. »Die Wirtschaft« ist nämlich tatsächlich ein Konglomerat aus wirtschaftlichen Prozessen und den sie bestimmenden, historisch gewachsenen Einrichtungen und Rechtsinstituten, so wie umgekehrt »der Staat« heute im Wesentlichen der Abdruck ökonomischer und weltanschaulicher Kräftewirkungen ist. Am Beispiel einiger Konzerne wurde hier gezeigt, wie der Staat erst »die Wirtschaft« der liberalen Theorie konstruiert, indem er z.B. durch das käufliche Eigentum einen ökonomischen Widersinn schafft und Preismanipulationen ermöglicht, sowie umgekehrt »die Wirtschaft« erst »den Staat« z.B. in der Frage der Altersrente, der Arbeitszeit usw. nach ihren Zwecken formt. »Der Staat« und »die Wirtschaft« sind also beides keine primären Funktionen des sozialen Lebens, sondern jeweils Produkte aus einer Konfusion ökonomischer, rechtlicher und kulturell-geistiger Prozesse.

Als Ergebnis einer kritischen Revision des Liberalismus ist der Neoliberalismus der reinste Ausdruck jener Dialektik zwischen »dem Staat« und »der Wirtschaft«. Wie der Sozialismus kann auch er sich eine institutionelle Manifestation menschlicher Vernunft nur als staatlich-rechtlichen Prozess denken, weil er sich wie der Liberalismus die Wirtschaft als prinzipiell unvernünftigen, naturhaft-mechanistischen Apparat vorstellt. Folglich will er einerseits das »blinde« Spiel der »unsichtbaren Hand« ermöglichen, dieses aber andererseits mit Hilfe staatlicher »Spielregeln« von Außen moderieren und, im Gegensatz zur landläufigen Meinung, durchaus auch sozialisieren. Heute verläuft das Denken sämtlicher Parteien in den Bahnen dieser Dialektik. Der Staat, in welchem die menschliche Vernunft sich in Gesetzen niederschlägt, soll »Leitplanken« für die Wirtschaft errichten, die sich in diesen »Rahmenbedingungen« dann als »freies Spiel der Marktkräfte« auslebt. Oder aber »der Staat« soll »die Wirtschaft« vernünftig machen und durch bessere Regeln »zügeln« oder gar »lenken«. Die Meinungen von rechts bis links unterscheiden sich nur darin, welche Rolle jeweils »dem Staat« beigemessen wird, ob der Staat also z.B. eher Leitplanken, Bremsschwellen, Maut-Schalter oder Poller für den Wirtschaftsverkehr errichten soll. Der Wirtschaft selbst spricht man gar keine aktive Rolle zu, sie soll eben sein, was sie nach Auffassung der liberalen Theorie per se ist: ein »Spiel der Marktkräfte«, das man in Anlehnung an die Naturwissenschaft als quasi-naturgesetzlichen, vom Menschen nicht bewusst hervorgebrachten Zusammenhang beschreibt.

Der Neoliberalismus bestimmt somit die Kategorien, in denen heute überhaupt miteinander über gesellschaftliche Fragen gesprochen werden kann. Brauchen wir »mehr Staat« oder »mehr Markt«? Dass indes beides falsch wäre, weil die praktischen Fragen ganz andere sind, wird gar nicht erst in Erwägung gezogen. Dadurch werden die Profiteure der Konfusion von Rechts-, Wirtschafts- und Geistesleben schlechthin unangreifbar. Die Menschen müssten sich zunächst aus den vorgegebenen Denkmustern selbst befreien, um in die sozialen Verhältnisse unmittelbar eingreifen zu können. Dem steht jedoch wiederum »die Wissenschaft« im Weg, die ihrerseits staatlich organisiert und wirtschaftlich getrieben ist. Unser Bildungswesen verankert das angebliche Wissen über »den Staat« und »die Wirtschaft« zuletzt auch in den Gehirnen der Heranwachsenden, und zwar nachhaltig, da es sich als Kind des Staates auch seiner Gewaltmittel (Schulpflicht und Noten für Kinder, Zugangsberechtigungen für Studenten, Akkreditierung und Finanzierung der Universitäten, Zertifizierung und Unterrichtsgenehmigungen für Pädagogen, usw.) bedienen darf. Dadurch entziehen sich die tieferen Ursachen der sozialen Verhältnisse zunehmend unserem Bewusstsein. Statt das soziale Leben an seinen drei Wurzeln zu packen, doktern wir an den Ergebnissen herum, und verstricken uns immer tiefer in die Konfusion. Ein Gefühl der Ohnmacht wird zur modernen Grundstimmung und lähmt letztendlich alle Initiativkraft.

Die Grundeinkommensbewegung ist ein Kind dieser Verhältnisse. Statt »die Wirtschaft« und »den Staat« z.B. durch ein modernes Eigentumsrecht, eine zeitgemäße Arbeitszeitregelung, eine assoziative Lenkung der Arbeit und eine Befreiung des Geisteslebens aus staatlich-wirtschaftlicher Vormundschaft zu entflechten und so die Kontrolle über die drei Funktionsbereiche des gesellschaftlichen Lebens zu erlangen, will die Bewegung nun eine weitere Leitplanke errichten, die als eine Art staatliche Super-Waffe Gerechtigkeit in »die Wirtschaft« bringen soll. Auf eine vertiefte Erkenntnis ökonomischer Zusammenhänge glaubt sie grundsätzlich verzichten zu können, bzw. ahnt nicht einmal, dass mit dem Wirtschaftsleben ein selbst für die gegenwärtige Wissenschaft noch kaum erschlossenes Gebiet zunächst erkenntnismäßig zu erobern wäre. Menschenarbeit, Maschinenarbeit, physikalische Arbeit, ökonomische Arbeit, körperliche Arbeit, geistige Arbeit, krankheitsbedingte Arbeitslosigkeit, entlassungsbedingte Arbeitslosigkeit, Einkommen, Auskommen, kaufen, schenken, Steuern zahlen und so weiter – nach Meinung der Grundeinkommensverfechter ist das alles ein und dasselbe. Alles ist eins, und alles wird gut, wenn der Staat mir Geld gibt. Die ganzen komplizierten Fragen fallen (scheinbar) weg, sobald man sich vorstellt: jeder hat ein Einkommen, einfach dadurch, dass man es beschließt. Zugleich wird die durch die Weltwirtschaft gestellte Herausforderung einer Überwindung der egozentrischen Perspektive beseitigt, indem man soziale und persönliche Frage kurzerhand gleichsetzt: »Arbeit« ist, was mir selbst sinnvoll erscheint.[7] Dieses Weltbild ist in seiner Schlichtheit natürlich bestechend – umso dringender ist hier Angesichts der gegenwärtigen Weltlage Aufklärung nötig.

7. Warum der Einwand, dass viele Befürworter eines bedingungslosen Grundeinkommens sehr wohl die Arbeit an den Bedürfnissen orientieren *möchten* und eben darin den »Sinn« suchen, zu kurz greift, wurde hier bereits ausführlich behandelt: Sie übersehen, dass es bei einer Entkoppelung von Einkommen und Warenpreis gar nicht mehr möglich wäre, die Arbeit an den Bedürfnissen zu orientieren – der Sinn der Arbeit müsste tatsächlich subjektiv bestimmt werden, was jedoch, wie hier gezeigt wurde, nicht machbar ist.

Was die Gegenwart fordert

Die »Globalisierung« ist nur dann eine Bedrohung, wenn die damit einhergehenden Umwälzungen nicht in ihrer ganzen Tragweite durchschaut und deshalb geistig-seelisch nicht mitvollzogen werden, sodass alte Denkmuster auch die neuen Erscheinungen beherrschen sollen. Und dies ist offenbar der Fall: Ob in der großen Politik oder in der kleinen Grass-Root-Initiative – überall wird in genau den Kategorien gedacht, die seit der Globalisierung *Geschichte* sind. Humanistisches Bildungsideal, Nationalstaat, Demokratie: an diesen tradierten Vorstellungsmustern hängen noch die Seelen – obwohl die Wirklichkeit längst fortgeschritten ist. Doch das Neue, das jenseits der historisch gewachsenen Gewohnheiten auf seine Entdeckung wartet, ist nicht etwa weniger menschlich als das Alte, sondern kann die Menschenwürde erst voll zur Geltung bringen.

Gibt es Grenzen der Vernunft?

Die Weltwirtschaft wird die Menschheit zunehmend in die Ohnmacht führen, weil auch der zur EU oder internationalen Gemeinschaft ausgeweitete Staat ihr *niemals* Herr werden wird. Diese Erfahrung ist gewissermaßen die Lehre der modernen Zeit. Und richtig verstanden hat diese Lehre nur derjenige, der daraus nicht wie der Neoliberalismus schließt, mit der Grenze staatlicher Wirksamkeit sei auch die Grenze menschlicher Vernunft erreicht, sondern die im Wirtschaftsprozess liegende Vernunft entdeckt und ans Licht hebt. Wer so denkt, betrachtet die Dinge aus der umgekehrten Perspektive, aus der die Grundeinkommensbewegung sie betrachtet: Nicht wie er die eigene Idee per Gesetz in die Wirtschaft »einführen« kann, ist dann seine Frage, sondern welche Gesetze er aus dem Weg schaffen muss, damit das dem Wirtschaftsleben *innewohnende* Prinzip der Trennung von Arbeit und Einkommen zur Geltung kommen kann.

Wem die Vorstellung eines sich selbst überlassenen Wirtschaftslebens furchterregend erscheint, der verwechselt das Wirtschaftsleben mit »der Wirtschaft«, also mit dem heutigen Konglomerat aus Wirtschaftsleben, Rechtsleben und Geistesleben, für welches Liberalismus und Neoliberalismus »Freiheit« fordern. Hier ist jedoch das reine Wirtschaftsleben gemeint. Eben darum handelt es sich, das Knäul zu entflechten und jeden der drei Prozesse dem bewussten Zugriff jedes Menschen zu unterstellen. Der Rückzug des Staates aus Wirtschafts- und Geistesleben wird hier also nicht deshalb gefordert, weil das Gemeinschaftsleben aufgegeben werden soll, sondern deshalb, weil es nicht mehr ausreicht, wenn sich das Gemeinschaftsleben im Staatsleben erschöpft. Das Gemeinschaftsempfinden muss heute in Wirtschafts- und Geistesleben hinein erweitert werden. Das ist jedoch nur möglich, wenn erstens das Wirtschaftsleben, zweitens das Staats- und Rechtsleben und drittens das Geistes- und Kulturleben sachgemäß unterschieden werden und sich jeweils aus der ihnen innewohnenden Logik heraus selbst organisieren können. Das Rechtsleben kann nur nach dem Prinzip der Gleichheit, d.h. demokratisch, das Wirtschaftsleben nur nach dem Prinzip der Brüderlichkeit, d.h. assoziativ, und das Geistesleben nur nach dem Prinzip der Freiheit, das heißt auf Grundlage individueller Impulse, gelenkt werden. Wird dagegen das Geistesleben z.B. demokratisch verwaltet, tyrannisiert es die menschliche Individualität; so wie sich ein freiheitlich gedachtes Wirtschaftsleben im Chaos verliert und ein brüderliches Rechtsleben in die Korruption führt.

Wenn die Art der Verwaltung dem jeweiligen Bereich unseres Zusammenlebens gemäß sein soll, benötigt jeder von ihnen eine selbständige Verwaltung. Liegen dagegen alle drei Aufgaben bei *einer* Verwaltung, bildet diese notgedrungen auch alle drei Verwaltungsmodi teilweise aus – demokratisch, assoziativ und freiheitlich – und kontrolliert dadurch keinen Bereich wirklich. Vielmehr schafft sie dann Chaos und beeinträchtigt jeden Bereich in seiner gesunden Entfaltung. Das ist das Problem des heutigen Einheitsstaats. Dieser ist erstens ein bisschen demokratisch, was aber, weil er sich auch für Geistesleben und Wirtschaftsleben zuständig fühlt, als Tyrannei erlebt wird. Weil aber andererseits Geistesleben und Wirtschaftsleben tatsächlich nicht nach demokratischen Gesichtspunkten verwaltet werden *können*, ist der Staat zugleich auch ein bisschen freiheitlich und assoziativ, was *hier* jedoch Beamtenwillkür, Intransparenz, Korruption und Manipulation bedeutet. Berühmt geworden sind in diesem Zusammenhang die Äußerungen des EU-Präsidenten Jean-Claude Juncker: »Wir beschließen etwas, stellen das dann in den Raum und warten einige Zeit ab, ob was passiert. Wenn es dann kein großes Geschrei gibt und keine Aufstände, weil die meisten gar nicht begreifen, was da beschlossen wurde, dann machen wir weiter.«[1] Oder: »Nichts sollte in der Öffentlichkeit geschehen. Wir sollten in der Euro-Gruppe im Geheimen diskutieren«, und: »Wenn es ernst wird, müssen wir lügen.«[2]

Die Demokratie über Geistesleben und Wirtschaftsleben auszudehnen, ist eine Lüge. Im Geistesleben kommt es auf das individuelle Urteil, im Wirtschaftsleben auf das Zusammenwirken der Sachurteile und gegensätzlichen Interessen an. Deshalb bewirkt der Versuch, Geistesleben und Wirtschaftsleben demokratisch zu verwalten, in der Realität immer das genaue Gegenteil, nämlich die Entstehung von »Politik«, d.h. die Manipulation demokratischer Prozesse durch individuelle Interessen. Solange der Staat noch die Verwaltung von Wirtschafts- und Geistes-

1. Der Spiegel vom 27.12.1999, Die Brüsseler Republik, S. 136 - www.spiegel.de/spiegel/print/d-15317086.html
2. Der Focus 28/2016 vom 18.07.2016, Der Resteuropäer

leben innehat, bleibt er grundsätzlich korrumpierbar: *Weil* der Staat mit seinen Gesetzen in die Wirtschaft eingreift, können (und müssen aus ihrer Sicht) die ökonomischen Interessenverbände an den Staat herantreten. Und weil ihn die Wirtschaftsverbände infiltrieren, zerren auch alle anderen am Staat. Dasselbe gilt für die Interessenvertreter des Geisteslebens: die Christen möchten christliche Werte verankert sehen, die Liberalen »mehr Wirtschaftsunterricht an Schulen« einführen, und Hinz und Kunz die frühkindliche Erziehung digitalisieren. *Weil* der Staat das Geistesleben verwaltet, kann jeder danach trachten, seine Wahrheit mit Hilfe des Staates zum Gesetz für alle zu machen.

Ein demokratischer Staat müsste sich nach beiden Seiten hin frei machen. Allerdings kann sich der Staat nicht schon dadurch als demokratischen Rechtsstaat begründen, dass er Geistesleben und Wirtschaftsleben bloß abwirft. Dann wirken sie nämlich teils chaotisch, teils aber kriechen sie wieder beim Staat unter. Vielmehr kommt es darauf an, Geistesleben und Wirtschaftsleben ebenfalls als Gemeinschaftsprozesse zu verstehen und auf die ihnen jeweils gemäße Art ins Bewusstsein zu heben. Die Regierungsaufgaben mögen von oben nach unten delegiert und insofern hierarchisch organisiert werden, doch sollten sie *ausnahmslos alle* durch ein demokratisches Urteil legitimiert sein. Wenn das aber möglich sein soll, muss alles, was nicht demokratisch verwaltet werden kann, so verwaltet werden, dass es seinerseits *ebenfalls* die Legitimation aller Menschen erhalten kann. Dadurch stellen sich, wie hier bereits angedeutet wurde, neben das demokratische Urteil zwei weitere mögliche Formen der Bürgerbeteiligung: Das *Individualurteil* auf dem Gebiet des Geisteslebens und *Kollektivurteil* auf dem Gebiet des Wirtschaftslebens.

Demokratische, kollektive und individuelle Vernunft

Während sich bei einem demokratischen Urteil die Unterschiede nivellieren und in einem gemeinsamen Beschluss münden, kommt es gegenüber der Wirtschaft gerade darauf an, die Unterschiede sprechen zu lassen und ihre Wechselwirkungen zu verfolgen. Ob Menschen dieses oder jenes Bedürfnis befriedigen wollen, ob der Landwirt in einer bestimmten Region eine bestimmte Beobachtung bezüglich der Bodenqualität macht, usw., das alles ist hier keine Meinungsfrage, sondern selbst ein *unmittelbar wirksames* Faktum. Aus dem Zusammenwirken dieser Fakten ergibt sich das Wirtschaftsleben. Welche Bedürfnisse zu welchem Zeitpunkt befriedigt, und welche Produktionsbereiche in welchem Umfang aus- oder abgebaut werden müssen, um die sich daraus ergebende Nachfrage zu treffen, kann grundsätzlich niemals durch ein demokratisches Urteil *festgesetzt*, sondern nur durch eine sachgerechte Kombination sämtlicher in Betracht kommender Individualurteile *ermittelt* werden. Man kann das Ergebnis einer solchen Assoziierung der Urteile in Abgrenzung zum demokratischen Urteil ein »Kollektivurteil« nennen. Eben darauf kommt es an, das Zusammenwirken der Fakten durch eine sachgerechte Vernetzung der Wirtschaftszweige so transparent zu machen, dass der Einzelne Kapital, Arbeit und Konsum bewusst steuern und an einem *gemeinsamen* wirtschaftlichen Ziel orientieren kann.

Die Demokratie, die in allen Rechtsfragen anzustreben wäre, führt gegenüber dem Wirtschaftsleben zum Kontrollverlust. Das ist die große Tragödie der Gegenwart: je mehr uns die Wirtschaft entgleitet, desto lauter rufen wir nach Demokratie. Je lauter wir rufen, desto mehr entgleitet uns aber die Wirtschaft – weil die hier zu Grunde liegenden Prozesse durch Abstimmungsverhältnisse weder erfasst, noch gelenkt werden können. Ebenso verhält es sich mit dem Geistes- und Kulturleben: je dramatischer die Situation in den Grundschulen, desto lauter wird der Ruf nach demokratischen »Reformen«. Doch je stärker der Staat in das Bildungswesen eingreift, desto mehr verabschiedet sich hier die Vernunft. Dabei kommt es nicht darauf an, ob die demokratisch beschlossenen Ziele *als solche* vernünftig sind oder nicht. Entscheidend ist vielmehr, worauf der Bildungsprozess seinerseits beruht. Und der beruht eben, so unsympathisch das vielen auch sein mag, grundsätzlich auf dem freien menschlichen Willen. Was in welcher Weise zu welchem Zeitpunkt an die Heranwachsenden heranzutragen ist, muss der *anwesende* Pädagoge der Beobachtung der Kinder einerseits und den aktuellen sozialen Herausforderungen andererseits *unmittelbar* entnehmen, und somit grundsätzlich frei entscheiden können. Nur dann ist eine vernünftige Einrichtung des Unterrichts möglich. Maßgebend ist in allen geistig-kulturellen Vorgängen immer das *individuelle Urteil.* Statt danach zu fragen, welche Ideen der Unterrichtende per Beschluss in die Köpfe der Kinder bringen soll, müsste man hier umgekehrt denken: wie können wir das Bildungswesen so organisieren, dass Lehrerinnen und Lehrer darin gefördert werden, im richtigen Moment die richtige Idee zu haben? Jeder wirkliche Pädagoge weiß aus eigener Erfahrung: wer seinen Unterricht nach den Meinungen anderer ausrichtet, wird Kinder und Jugendliche niemals erreichen können. Er richtet sich nämlich in diesem Augenblick nach der Vergangenheit und ist in dem gegenwärtigen Bildungsprozess geistig-seelisch gar nicht anwesend. Und wenn die Kinder sich dennoch entwickeln, dann deshalb, weil die Demokratie den Bildungsprozess niemals vollständig ersticken kann, sondern immer noch zwischen dem Erwachsenen und den Heranwachsenden ein unmittelbares Verhältnis von Ich zu Ich entsteht – eben Bildung. Staatliche Beeinflussungen durch Lehrpläne, Abschlüsse oder Experimente wie die »Digitalisierung der Bildung« waren und sind niemals etwas anderes als Störungen des Bildungsprozesses.

Solange Pädagogen noch als Beamte oder »Lehrkräfte« verstanden werden, die irgendeine vermeintlich für sich bestehende, vom Staat behütete Wahrheit in die Gehirne von Kindern zu transferieren haben, ist es unwahrscheinlich, dass die heute geborenen Kinder in der Welt von morgen zurechtkommen werden. Denn indem das Bildungswesen abhängig gemacht wird von Gesetzen und Normen einer »demokratischen Mehrheit« wird es automatisch ein Spielball der Kräfte der Vergangenheit. Je nachdem, welche Parteien am Ruder oder welche ökonomischen Interessen gerade vorrangig scheinen, wird an den neuen Erdenbewohnern herumexperimentiert. Zwar werden die Bürger von morgen so gut und gerne glauben können, der Staat, der sie erzogen hat, könne sie auch mit Einkommen versorgen. Für die Gestaltung der Zukunft aber sind sie dann verloren, denn ein bewusstes Eingreifen in die Verhältnisse setzt eine Erziehung zur absoluten geistigen Autonomie gegenüber Staats- und Wirtschaftsleben voraus. Die Rechtfertigung der gegenwärtigen Regierung, dass die menschlichen Fähigkeiten schließlich für Staat und Wirtschaft gebraucht werden, greift hier zu kurz: Wirksam wird der menschliche Geist zwar auch in Rechts- und Wirtschaftsleben, doch eben nur, wenn beachtet wird, dass er deshalb seinerseits weder einem Wirtschaftsprozess, noch einem Rechtsprozess *entspringt.* Wer Heranwachsende nach den Interessen des bestehenden Staates oder der bestehenden Wirtschaft bilden will, konserviert die Vergangenheit und entzieht dem zukünftigen Staat und der zukünftigen Wirtschaft die Lebensgrundlage.

Die Überwindung des völkischen Denkens

Die EU umfasst ein größeres Verwaltungsgebiet als die Nationalstaaten, beruht aber auf dem selben *Prinzip* wie jene, nämlich auf der Annahme einer Identität von Staats-, Wirtschafts- und Kulturnation. Wie die

Nationalstaaten so ist auch die EU als Sammelbecken für rechtliche, ökonomische und geistige Interessen konzipiert. Ein demokratischer Rechtsstaat würde dagegen voraussetzen, dass *neben* ihm zwei selbständige Verwaltungen entstehen, die einerseits die ökonomischen Interessen, andererseits die geistig-kulturellen Impulse auffangen und auf die ihnen jeweils gemäße Art behandeln. Dies hätte allerdings eine Folge, die dem gegenwärtigen, insbesondere in Europa wiedererstarkenden völkischen Denken widerstrebt. Tatsächlich fallen die rechtlichen, ökonomischen und geistig-kulturellen Zusammenhänge nämlich weder inhaltlich, noch räumlich zusammen. Deshalb *löst sich der Nationalstaat als solcher auf*, sobald Rechtsleben, Geistesleben und Wirtschaftsleben jeweils sachgerecht verwaltet werden. Gewisse Gebiete stellen z.B. hinsichtlich der landwirtschaftlichen Gegebenheiten ein zusammenhängendes Gebiet dar, obwohl zwischen ihnen eine staatliche Grenze verläuft, andere Gebiete sind reich an Bodenschätzen, und wieder andere werden von erfinderischen Menschen bewohnt oder sind geographisch ideale Handelsplätze. Eine rein wirtschaftlich orientierte Verwaltung hätte es deshalb z.B. mit dem Ausgleich zwischen fruchtbaren und weniger fruchtbaren Gebieten zu tun, und nicht etwa mit den Verhältnissen zwischen Staaten. Die Subventions-Praxis der EU kann als eine naive Vorahnung dieser Aufgabe gesehen werden, allerdings nur bedingt, weil sie wiederum nur den Nationalstaat und für die rein wirtschaftlichen Zusammenhänge keine Ansprechpartner kennt. Eine sachgerechte Verwaltung würde überhaupt nicht mehr abstrakt auf alle Gebiete denselben Massstab für das zu erreichende »Wirtschaftswachstum« anwenden, auf die Nationalstaaten sowieso nicht, sondern das jeweils mögliche fordern, und für die Weltwirtschaftsgemeinschaft eine ausgeglichene Bilanz anstreben.

Letztendlich sind in einer arbeitsteiligen Wirtschaft alle Gebiete organische Glieder eines Welt-Ganzen, sodass auch die Verwaltung der

Wirtschaft in letzter Konsequenz nur global gedacht werden kann. Doch auch kulturelle Werte werden unabhängig von staatlichen Grenzziehungen geteilt. Bei einer Ausgliederung des Geisteslebens könnten sich religiöse und nationale Impulse nicht mehr der Staatsverwaltung bedienen und so die Unterdrückung eines Teils der Bevölkerung betreiben, sondern würden von staatsunabhängigen Korporationen wahrgenommen und im Dialog bewegt werden. Während heute z.B. im Abitur die meisten Sprachen dieser Erde als »Zweitsprache« schlichtweg verboten sind, so hätte dann jeder das Recht, auf kulturellem Gebiet selbstbestimmt zu handeln und in einen freien Austausch mit Gleichgesinnten und Andersdenkenden zu treten, grenzübergreifend. Die verschiedenen Zweige der Wissenschaft und so alle geistig-kulturellen Angelegenheiten würden nicht abhängig von Staaten, sondern nach Interessen und Fähigkeiten grenzüberschreitend und gemeinschaftlich betrieben.

Die »Griechenlandkrise«, die Not des afrikanischen Kontinents, das angespannte Verhältnis zu den USA oder zu Russland, der gefühlte Widerspruch zwischen Islam und »dem Westen«, das neuerliche Ringen um eine »deutsche Identität« – solche Verstrickungen könnten verstanden und gelöst werden, sobald jede Frage auch auf dem Gebiet beantwortet wird, auf dem sie sich tatsächlich stellt. Es gibt also keine *prinzipiellen* Grenzen menschlicher Vernunft, wohl aber menschengemachte, die durch die heute vorgegebenen und als einzig möglich behaupteten Denkfiguren bestimmt sind. Solange ein Großteil der Menschheit das neoliberale Dogma der »unsichtbaren Hand« übernimmt und somit davon ausgeht, dass ein Rückzug des Staates aus Geistesleben und Wirtschaft automatisch *weniger* Kontrolle durch den Bürger zur Folge hätte, ist der Blick auf die Formen menschlicher Vernunft, wie sie *nur* auf dem Boden von Geistesleben und Wirtschaftsleben erwachsen können, versperrt.

Die sachgerechte Verwaltung des Geisteslebens

Im Zusammenhang mit Joseph Beuys Ausspruch »jeder Mensch ein Künstler« wurde hier die Richtung aufgezeigt, in der man die Verwaltungsstruktur eines »freien Geisteslebens« im oben bedeuteten Sinn zu suchen hat: die rechtlichen Abhängigkeiten sind durch sachliche zu ersetzen, das heißt durch die unmittelbare Anerkennung im eigenen Wirkungsbereich. Konkret hieße das z.B., dass nicht die »Unterrichtsgenehmigung« einer Behörde zum Lehrberuf berechtigt, sondern das sachlich fundierte Urteil von Ausbildern, Kollegen, Eltern und Kindern. Der Staat hätte nur die rein rechtlichen Aspekte, z.B. sicherheitsrelevantes, zu überwachen, nicht aber die Kompetenzen der Lehrenden und Lernenden oder gar den Inhalt der Lehre. Zertifizierungen sind gleichwohl auch in einem »freien Geisteslebens« denkbar, nur wären sie hier nicht mehr als Arbeitsverbote für Andersdenkende zu verstehen, sondern als freilassende, individuelle Anerkennungen durch diejenigen, die ihrerseits die freie Anerkennung ihrer Mitmenschen finden. Ein Lehrer, der seinerseits von einem Zusammenschluss erfahrener Lehrer zertifiziert wird, kann damit seine tatsächlichen Fähigkeiten wirklich nachweisen, während das heutige Staatsexamen wegen der naturgemäßen Notwendigkeit zur Konformität eine sehr theoretische Angelegenheit ist und über die Fähigkeiten als Pädagoge kaum etwas aussagt.

Denkt man in diese Richtung weiter, findet man auch die Grundstruktur einer entsprechenden Verwaltung.[3] Gleichartige Interessen und Fähigkeiten führen Menschen in Korporationen zusammen, die wiederum durch das Verständnis der Mitmenschen auch die nötige finanzielle Zuwendung finden. Wissenschaft, Kunst und Forschung beruhen ohnehin

3. Vergl. Johannes Mosmann: Rudolf Steiner – Was ist eine freie Schule? Institut für soziale Dreigliederung, Berlin 2015

in jeder Gesellschaft auf Zuwendungen, z.B. in Form von Steuermitteln, Unternehmensspenden oder Stiftungsförderungen. Für ein freiheitliches Geistesleben müssten diese Zuwendungen individualisiert werden, sodass z.B. die Erforschung regenerativer Energien, sofern sie auf ein breiteres Verständnis trifft, auch mehr Mittel erhält, und die Weiterentwicklung der Kernenergie dafür weniger – statt umgekehrt, wie es in der Vergangenheit aufgrund der staatlich gelenkten Forschungsfinanzierung der Fall war. Während der Konkurrenzgedanke im Wirtschaftsleben völlig fehl am Platz ist, weil dort tatsächlich alles auf Kooperation beruht, so ist er im Geistes- und Kulturleben gerade richtig. Hier gilt es, die staatlich subventionierte Monokultur zu überwinden und in einen freien Wettstreit der Fähigkeiten, Ideen und Weltanschauungen zu treten – möge der Bessere gewinnen.

Das bedeutet allerdings nicht, dass die verschiedenen Meinungen nicht zuletzt auch wiederum eine höhere Einheit bilden – das werden sie vielmehr gerade tun, sobald sie nur erst in freie Konkurrenz zueinander treten können. Die Verfechter eines staatlich gelenkten Bildungs- und Wissenschaftsbetriebs übersehen nämlich, dass die Einheitlichkeit des Geisteslebens eine *objektive* ist, und deshalb durch den Staat gar nicht konstruiert werden kann. Unterlässt es der Staat, die Teile durch Gewaltmaßnahmen wie z.B. Gesetze und Normen künstlich zusammenzufügen, gliedern sie sich von selbst in ihrem *wahren* Zusammenhang aneinander. Dass immer irgendwo auch Irrtümer entstehen, kann grundsätzlich nicht verhindert werden. Sobald diese Irrtümer aber in Konkurrenz zu anderen Ansichten treten *müssen*, schleifen sie sich naturgemäß ab. Durch eine staatliche Organisation und Versorgung der Bildung werden sie dagegen konserviert und ersticken das Heraufkommen neuer Erkenntnisse bereits im Keim. Davon leben wiederum sektenähnliche Gruppierungen und radikale politische Lager. Sie mag schief, verworren und in einen absurden Kontext eingeordnet sein, doch irgendwo besitzt jede solcher Gruppierungen auch einen Funken Wahrheit. Und darauf beruht ihre Macht: Weil für diese Wahrheit im »System« kein Platz ist, können solche Gruppierungen Menschen an sich binden und in Opposition zur äußeren Gesellschaft gehen. So mag z.B. die Vorstellung der »Reichsbürger«, man könne sich dem Zugriff des Staates entziehen und eigene Staaten gründen, weil die BRD nur eine »Deutschland GmbH« sei, völlig abwegig sein – berechtigte Gründe, die BRD mehr als eine GmbH denn als einen Staat zu erleben, gibt es gegenwärtig jedoch allemal. Statt nun aber eine offene Diskussion über die Legitimation der Bundesregierung und die Korruption des Staates durch ökonomische Kräfte zu führen, denunzierte man die »Reichsbürger« pauschal als Rechtsradikale und behauptete demgegenüber die in dieser Schrift erläuterte Verstrickung zwischen Staat und Wirtschaft als die einzig mögliche verfassungskonforme Wahrheit. Erst dadurch wurden die »Reichsbürger« eine einheitliche Gruppierung, die sich zunehmend radikalisierte. Nach demselben Prinzip funktionieren alle radikalen Abspaltungen.

Das Verwirrspiel um die sogenannten »Fake News« und die vielzitierte »Spaltung der Gesellschaft« führt die zersetzende Wirkung eines staatlich moderierten Geisteslebens drastisch vor Augen. Man braucht nur eine beliebige Nachricht auf der GEZ-finanzierten tagesschau.de mit den zugehörigen Kommentaren der Leser zu vergleichen, um zu begreifen, dass die offizielle Presse und ein immer größer werdender Teil der Bürger dieses Landes geistig in zwei verschiedenen Welten leben. Kaum ein Leser ist etwa so naiv, den Ukraine-Konflikt in die Kategorien einzuordnen, die von »öffentlich-rechtlicher« Seite hierfür bereitgestellt werden. Dementsprechend wachsen die Abonnenten-Zahlen der sich zunehmend über soziale Medien selbstorganisierenden »freien« Berichterstatter – die jedoch wiederum oftmals ihrerseits ebenfalls Irrtümern aufsitzen und zum Teil auch mit rechten oder anderen fragwürdigen Strömungen assoziiert sind. Die einzige mögliche Antwort auf diese von der staatlichen Monokultur hervorgerufene Spaltung der Gesellschaft ist ein konsequentes Eintreten für ein *freies* Geistesleben. Sobald die Einheit des Geisteslebens nicht mehr als starre Konformität konstruiert wird, sondern sich aus dem freien Wechselspiel der menschlichen Erkenntniskräfte organisch ergibt, schwindet nämlich auch die Möglichkeit zur Polarisierung. Ein Schritt in die richtige Richtung wäre zum Beispiel, die zwangsweise erhobenen GEZ-Gebühren wenigstens nicht pauschal einzelnen Medienanstalten zukommen zu lassen, sondern den Gebührenzahlern die Möglichkeit zu geben, die Gelder anteilig auf diejenigen Formate zu verteilen, die tatsächlich ihr Interesse wecken. Dass die »Öffentlich-Rechtlichen« stattdessen nun ihr Meinungs-Monopol durch oberlehrerhafte Erziehungsversuche ihrer Schäfchen zu retten suchen (auf tagesschau.de bspw. »warnt« mittlerweile ein »Faktenfinder« den offenbar unmündigen Bürger vor »unwahren« Meinungen), forciert die Spaltung und verschafft radikalen und sektenähnlichen Gruppierungen weiteren Zulauf.

Zwischen dem Ideal eines einheitlichen, alle Menschen verbindenden Geisteslebens und dem Konkurrenzprinzip ist kein Widerspruch, weil derjenige Geist, der Menschen *heute* einen kann, grundsätzlich immer durch das Nadelöhr des freien Ichs muss – die Möglichkeit zur freien Konkurrenz ist also auf dem Gebiet von Kultur, Wissenschaft und Bildung gerade die Voraussetzung, um wirklich zusammenzufinden. Dass ein freies Geistesleben zu Beginn noch nicht dieselbe Präzision aufweist wie die über Jahrhunderte herangereifte staatliche Verwaltung, ist nur natürlich. Mut ist zu den ersten Schritten in die Freiheit also durchaus nötig, unterlassen werden dürfen sie deshalb jedoch nicht, denn Bildung, Wissenschaft und Kunst können weder als Anhängsel der Wirtschaft, noch unter staatlicher Bevormundung gedeihen, wenigstens nicht so, wie es die Zukunft erfordert.

Die sachgerechte Verwaltung des Wirtschaftslebens

Schwieriger noch ist es, eine Vorstellung derjenigen Verwaltungsstruktur zu gewinnen, die der Logik des Wirtschaftslebens entnommen ist. Denn die menschliche Vernunft kann sich innerhalb des Wirtschaftslebens weder als Norm oder Gesetz (Rechtsleben) betätigen, noch in einem individuellen Urteil (Geistesleben) zum Ausdruck kommen, sondern muss, wie oben skizziert, die ständig wechselnden, gegenseitigen Abhängigkeitsverhältnisse zwischen den beteiligten Menschen, aber auch zwischen Mensch und Naturgrundlage erfassen und zu einem *Kollektivurteil* verdichten. Die Menschheit wird also lernen müssen, dass die Begriffs-Logik, wie sie sich in Gesetzen niederschlägt, nur *eine* mögliche Erscheinungsform der Vernunft ist. Auf wirtschaftlichem Gebiet artikuliert sich die menschliche Vernunft nicht als *Begriff*, sondern als *Bild*.

Ein solches Bild ließe sich z.B. dadurch erzeugen, dass man einerseits die Erfahrungen einzelner Betriebe zu Gesamtdarstellungen der jeweiligen Branche zusammenfasst und dann wiederum in ein Verhältnis zueinander setzt, während man zugleich Konsumverhalten und Bedürfnisse wiederum nach Gleichartigem zusammenfasst, um zuletzt beide Seiten, Produktion und Konsum, in ihrem Wechselverhältnis zu betrachten. Wohlgemerkt: gemeint ist zunächst lediglich die Erfassung und Auswertung von Informationen, nicht aber irgendeine Art von Planwirtschaft. Die *Steuerung* der Wirtschaftsprozesse ist eine weitaus andere Frage, die durchaus nicht planwirtschaftlich, sondern individualistisch, nämlich durch Vereinbarungen zwischen Produzenten und Konsumentenvertretungen geregelt werden sollte. Die Steuerung kann aber eben nur dann individualistisch gedacht werden, wenn durch eine entsprechende Assoziierung der Wirtschaftszweige eine gemeinsame Wahrnehmungs- und Urteilsgrundlage geschaffen wird. Die auf wirtschaftlichem Gebiet benötigte Verwaltung hat also wiederum mit dem demokratischen Beschließen irgendwelcher Gesetze nicht das Geringste zu tun, ist deswegen aber nicht weniger gemeinschaftlich.

Wer solche wirtschaftlichen Assoziationen für utopisch hält, verschläft die Gegenwart. Die Digital-Konzerne sind nämlich längst dazu übergegangen, das hier bedeutete Bild-Bewusstsein durch die Zusammenführung unzähliger Daten technisch zu simulieren. Sie haben sich aus der Rolle klassischer Marktteilnehmer im Sinne kartellrechtlicher Phantasien verabschiedet und stattdessen eine betriebs- und branchenübergreifende Intelligenz entwickelt – die nun allerdings wiederum Dank des kollektiven Tiefschlafs der Menschheit einseitig kontrolliert wird. Amazon weiß, im Gegensatz zum »Marktteilnehmer«, tagesaktuell, welche Bedürfnisse wie und wo befriedigt werden wollen und wie sich die Branchen im Verhältnis zueinander entwickeln. In diesem Zusammenhang bereitet die EU-Wettbewerbskommissarin Margrethe Vestager gegenwärtig eine Milliarden-Klage gegen den US-Konzern vor. Amazon würde, so der Vorwurf, die Daten der Produzenten, die ihre Produkte über die Amazon-Plattform vertreiben, auswerten und anhand der gewonnenen Daten die eigenen Produkte optimieren. Dies stelle einen Wettbewerbsvorteil gegenüber jenen Produzenten dar.[4] Ähnliche Klagen gab es in der Vergangenheit bereits gegen andere Digital-Konzerne. Doch weder Geldstrafen noch die immer ausgeklügelteren Verordnungen der EU vermögen die Assoziierung der Wirtschaftsbereiche zu Gunsten einiger weniger Konzerne aufzuhalten.

Allerdings hat Amazon (noch) denselben Schwachpunkt wie jeder Digital-Konzern: er muss sein Zukunftsbild im Wesentlichen aus Daten, d.h. aus Werten der Vergangenheit konstruieren. Die Weltwirtschaft

4. Handelsblatt vom 19.09.2018, EU-Kommissarin Vestager knöpft sich Amazon vor, www.handelsblatt.com/23087980.html?

wird jedoch letztendlich derjenige kontrollieren, der die Zukunft in der Gegenwart erfassen kann. Weil sie das ahnen, überschlagen sich die Unternehmen gegenwärtig in Lobeshymnen auf »predictive analytics«, eine neue Technologie, die scheinbar Vorhersagen ermöglicht. Je gründlicher z.B. Kauf- oder Surfverhalten interpretiert und je »lebendiger« die Profile der Konsumenten dabei werden, desto wahrscheinlicher kann zukünftiges Verhalten vorausgesagt werden. Doch auch derartige Analyse-Tools bedienen sich historischer Daten. Wirklich erfassen können die Zukunft nur diejenigen, der nicht allein auf die Auswertung von Daten zurückgreifen, sondern auf konkrete menschliche Willensbekundungen in Form von Vereinbarungen und Verbindlichkeiten zwischen Kunden-, Händler- und Produzentenvertretungen bauen können – *wir Menschen* also, sobald wir uns zu wirtschaftlichen Assoziationen zusammenschließen.

Es kann sich im Hinblick auf die Weltwirtschaft längst nicht mehr um das Errichten von »Leitplanken« handeln, sondern allein darum, von den Zuschauertribünen auf das »Spielfeld« zu wechseln, dort das Bewusstsein zu erlangen und den Wagen selbst zu steuern. Die Weltwirtschaft verlangt von uns nichts Geringeres, als die sozialen Prozesse zu kontrollieren, von denen die Konzerne ihrerseits leben. Neben das »Wir« im bürgerrechtlichen oder kulturellen Sinn muss das »Wir« als Weltwirtschaftsgemeinschaft treten. Ob dies utopisch oder realistisch sein mag, ist tatsächlich »nur« eine Bewusstseins- und Haltungsfrage. Amazons Macht z.B. beruht ganz wesentlich darauf, dass der Konzern die Konsum-Interessen der Endverbraucher über alles stellt – zu Lasten der unzähligen bei Amazon vertretenen kleinen und mittelgroßen Produzenten. Sollten Kunden und Produzenten also auf die Idee kommen, miteinander zu kooperieren und Amazon zu umgehen, hätte der Konzern das nachsehen. Anstatt z.B. Kundenbewertungen einzutragen und so die Allmacht Amazons zu fördern, könnte man etwa daran gehen, von Kundenseite her die eigenen Konsum-Interessen zu bündeln und mit der Produktion durch entsprechende Vereinbarungen zu assoziieren. Eine geeignete, mit Amazons »Marketplace« konkurrenzfähige Infrastruktur ließe sich leicht errichten, wenn nur der *gemeinsame* Wille dazu da wäre, die betriebsegoistische Perspektive zu überwinden und miteinander zu kooperieren. Solange jedoch alle *glauben*, die Wirtschaft beruhe auf Egoismus, werden sie von denen, die tatsächlich weiter sehen können, beherrscht.

Falle Grundeinkommen

Jeder Schritt in Richtung einer menschenwürdigen Wirtschaftsordnung wird utopisch, wenn sich die in der Forderung nach einem bedingungslosen Grundeinkommen artikulierte Geisteshaltung weiter verbreitet. Die Grundeinkommensbewegung verkauft die größtmögliche Passivität, nämlich den Wunsch, der Staat möge uns allen ein Einkommen »gönnen«, als Meilenstein moralischer Entwicklung. Ethisch handeln kann jedoch nur der Einzelne. Nur dieser könnte in Wahrheit seinen Mitmenschen etwas »gönnen«. Vom Staat ein Einkommen zu fordern kostet niemanden etwas, zumindest der Theorie nach. Sein Einkommen davon abhängig zu machen, ob die eigene Arbeit tatsächlich die Bedürfnisse der Mitmenschen befriedigt und sich *bedingungslos* an deren Nachfrage zu orientieren, dagegen schon. Das ist aber die Stufe der moralischen Entwicklung, welche im Hinblick auf die Trennung von Arbeit und Einkommen nun erklommen werden muss. Nur von dieser Warte aus wird es möglich, Amazon, Glencore oder Blackrock in die Schranken zu weisen. Indem sie stattdessen die Verantwortung für die Wirtschaft vom Individuum auf das abstrakte »Wir« des Nationalstaats überträgt, schaltet die Grundeinkommensbewegung ethisches Handeln aus dem Wirtschaftsprozess aus und überlässt das Feld vollständig jenen tumorartigen Knotenbildungen aus Rechts-, Wirtschafts- und Geistesleben – den Konzernen.

Wie in dieser Schrift entwickelt wurde, lebt der Mensch nicht von den Früchten seiner Arbeit. Die Arbeit gilt den Bedürfnissen anderer Menschen und bewirkt deren Einkommen, so wie umgekehrt das eigene Einkommen durch die Arbeit anderer Menschen bewirkt wird. Arbeit und Einkommen sind getrennt. Kämen somit auf wirtschaftlichem Gebiet nur wirtschaftliche Faktoren in Betracht, sodass sich z.B. der Preis im Tausch von Leistung und Gegenleistung zwischen gleichberechtigten Individuen bildete, könnte niemand ausgebeutet werden. Der Staat konstruiert jedoch die »juristische Person« als unnatürlichen Konkurrenten zum Individuum, das »Patent« als Vorrecht auf geistige Erzeugnisse und ermöglicht durch das käufliche Eigentum ein grundsätzlich leistungsloses Einkommen sowie die Anhäufung absurder Vermögenswerte. Nicht die Tatsache der arbeitsteiligen Wirtschaft erzeugt die heutigen Missverhältnisse, sondern die Einmischung der Staaten in diese Wirtschaft. Nur einer ganz oberflächlichen Betrachtung erscheint es logisch, die Antwort auf die Verstrickung von Staat und Wirtschaft in einer tieferen Verstrickung zu suchen. Hier wurde demgegenüber auf den radikalen Schritt hingewiesen, den Staat aus der Verstrickung zu lösen und in einen demokratischen Rechtsstaat zu verwandeln, d.h. in ein Verwaltungsorgan, das nur das Rechtsleben umfasst, aber nicht länger Wirtschaftsleben und Geistesleben.

Die damit skizzierte Idee einer sozialen Dreigliederung mag in dieser Kürze schwer nachvollziehbar, und dem Leser vielleicht ebenso fragwürdig wie die Einführung eines bedingungslosen Grundeinkommens erscheinen. Doch dürfte dabei immerhin erkennbar geworden sein, dass die Ablehnung eines bedingungslosen Grundeinkommens keinesfalls auf solchen Motiven beruhen muss, wie sie von Seiten der Bewegung unterstellt werden. Ginge es letzterer tatsächlich um die mit einem bedingungslosen Grundeinkommen assoziierten Ideale, wäre eine Verständigung leicht möglich. In Wahrheit geht es jedoch ums Detail – die Auszahlung des Geldes. Die angeführten Ideale werden lediglich mit dem Geld assoziiert, aber nicht als solche verfolgt. Würde das Interesse den Idealen gelten, so müsste man zunächst zur Kenntnis nehmen, dass die Kritiker eines bedingungslosen Grundeinkommens in der Regel dieselben Ideale verwirklichen möchten und *deshalb* vor der Einführung eines bedingungslosen Grundeinkommens warnen.

Die Verfechter eines bedingungslosen Grundeinkommens unterstellen ihren Kritikern jedoch grundsätzlich:

1. Der Kritiker sei für Erwerbsarbeit
2. Der Kritiker glaube, Einkommen müsse als Anreiz zur Arbeit fungieren
3. Der Kritiker wolle Sozialleistungen an Bedingungen knüpfen

Das heißt, diese Bewegung generiert selbst das Bild ihres vermeintlichen »Gegners«, in dessen Spiegel sie erscheinen möchte. Damit macht sie jedes Gespräch über eine mögliche Verwirklichung der an sich völlig berechtigten Ideale von vorneherein unmöglich. Sicher, jene Experten des Althergebrachten gibt es auch, die irgendwo in einer Sofaecke des Öffentlich-Rechtlichen die Fundamente der sozialen Marktwirtschaft rezitieren. Im Kontrast zu jenen ewig Gestrigen ist es selbstverständlich ein Leichtes, als Vorkämpfer der Moderne zu erscheinen. Wie in dieser Schrift hoffentlich deutlich wurde, liegt das eigentliche Problem der Grundeinkommensbewegung aber gerade darin, dass sie die Verhältnisse, welche sie kritisiert, nicht bessert, sondern sich tiefer in dieselben verstrickt; ja selbst das volkspsychologische Fundament für die endgültige Manifestation des Systems der Erwerbsarbeit liefert.

Die Idee eines bedingungslosen Grundeinkommens ist Ausdruck einer Empörung gegen das System: Die menschliche Arbeit soll aus den Zwängen der gegenwärtigen Wirtschaftsweise befreit werden. Dieser völlig berechtigte Impuls kann sich jedoch nur derjenigen Vorstellungsmuster bedienen, die der Seele erst durch genau dieses System eingebildet wurden. Damit ist die Bewegung das Symptom einer Zeitkrankheit. Das Seelenleben ist immer weniger in der Lage, das Vorstellen beweglich zu halten und entsprechend der Impulse, die es in sich selbst findet, umzubilden. Ja, gewisse Vorstellungskomplexe haben einen solchen

Grad an Selbständigkeit erreicht, dass sie sich dem bewussten Zugriff ganz zu entziehen scheinen. Soweit sie die psychologische Grundlage für die Verbreitung der Idee eines bedingungslosen Grundeinkommens bilden, wurden einige dieser Muster und Vorstellungskomplexe hier ans Licht gehoben.

Analog zur Arbeitswelt automatisiert sich auch das Denken. Das ist die eigentliche Herausforderung der »Digitalisierung«. So wahr es ist, dass die äußere menschliche Arbeit zunehmend durch maschinelle Prozesse ersetzt wird, so wahr ist es auch, dass der passive Konsum digital gelieferter Vorstellungsmuster zunehmend die innere Erkenntnisarbeit ablöst. Solange der Mensch sich nicht innerlich in Bewegung bringen und von diesen Mustern freimachen kann, sind seine »freien Gedanken« nichts anderes als der Schaum auf den Wogen des großen Stroms, der die Menschheit vor sich hertreibt. Das bewusste Eindringen in die inneren Zusammenhänge des dreigliedrigen sozialen Organismus, wie es hier demonstriert wurde, kann demgegenüber ein möglicher Weg sein, jene Vorstellungsmuster aufzulösen, tiefere Erkenntniskräfte wachzurufen und so wieder zu *praktischen* Ideen zu kommen.

Johannes Mosmann

Förderer werden

Das Institut für soziale Dreigliederung ist ein freies, staatsunabhängiges Forschungsinstitut und lebt von individuellen Spenden. Sie können unsere Arbeit mit einer einmaligen oder monatlichen Zuwendung unterstützen.

Kontoinhaber: Institut für Dreigliederung
Konto 1136056200
BLZ 43060967
IBAN: DE80430609671136056200
BIC: GENODEM1GLS
Bankinstitut: GLS-Bank

Spendenportal:
www.dreigliederung.de/institut/spenden.php

Da das Institut gemeinnützig ist, können Sie Ihre Spende von der Steuer absetzen. Geben Sie uns dazu über das Online-Spendenformular Name und Adresse an, damit wir Ihnen eine Spendenbescheinigung ausstellen können.

Neuerscheinung: Wirtschaft und soziale Dreigliederung im Lehrplan der Waldorfschule

Wirtschaftliche Themen bilden einen Schwerpunkt in Rudolf Steiners »Lehrplan« für die Waldorfschule und finden sich fächerübergreifend. Im Deutschunterricht etwa sollen anstatt moralisierender Geschichten wirtschaftliche Gutachten geübt, und im Mathematikunterricht soll die Zinsrechnung am Beispiel des Wertpapier-Handels erlernt werden. Spätestens bis zum 15. Lebensjahr, so Steiner, soll jeder Schüler die Buchführung beherrschen. Und im Werkunterricht soll nicht etwa zur Unterhaltung der Eltern, sondern für eine reale Nachfrage produziert werden. An einer Stelle im Protokoll heißt es sogar lapidar: »In der 7. und 8. Klasse könnte man das geben, was in den 'Kernpunkten der sozialen Frage' steht«.

Für die Broschüre »Wirtschaft und soziale Dreigliederung im Lehrplan der Waldorfschule« wurden die entsprechenden Lehrplanempfehlungen Rudolf Steiners aus 13 verschiedenen Werken zusammengestellt. Vorwort und Kommentar von Johannes Mosmann. 88 Seiten, broschiert. Preis: 9 Euro.

Bestellbar unter www.dreigliederung.de

Weitere Veröffentlichungen

- *Rudolf Steiner - Grundfragen der sozialen Dreigliederung*
- *Rudolf Steiner - Was ist eine »freie« Schule?*
- *Rudolf Steiner - Über die Steuerfrage*
- *Rudolf Steiner - Über Arbeitslosigkeit*
- *Rudolf Steiner - Über die Globalisierung*
- *Rudolf Steiner - Was ist Geld?*
- *Rudolf Steiner - Über Zins und alterndes Geld*
- *Rudolf Steiner - Über die Bodenfrage*
- *Rudolf Steiner - Der Boden ist keine Ware*
- *Rudolf Steiner - Ursache und Wirkung der Bodenspekulation*
- *Rudolf Steiner - Bedingungsloses Grundeinkommen?*
- *Sylvain Coiplet - Die Überwindung des Nationalismus durch soziale Dreigliederung*
- *Sylvain Coiplet - Anarchismus und soziale Dreigliederung*
- *Nicanor Perlas - Zivilgesellschaft und soziale Dreigliederung*
- *Matthias Schmelzer - Fairer Handel und Freier Markt: Studie zu den Wirkungen Fairen Handels auf Produzenten und die freie Marktwirtschaft*

Online-Bestellung unter
www.dreigliederung.de/mail/bestellung/

Wirtschaft anders denken!

„Ich habe einmal meine besondere Freude gehabt, als mir einer unserer künstlerisch begabten Freunde sagte, dass man gewisse Vortragszyklen, rein durch ihren inneren Aufbau, in eine Symphonie umsetzen könnte. So etwas liegt auch tatsächlich gewissen Zyklen durch ihren Aufbau zugrunde. (...) Das ist aus dem Grunde möglich, weil der geisteswissenschaftliche Vortrag nicht tyrannisch wirken, sondern den Willen der Menschen wecken soll."

Rudolf Steiner

Im Sommer 1922 entwickelt Rudolf Steiner vor einer kleinen Gruppe von Studenten der Volkswirtschaftslehre in einem zweiwöchigen Kurs zum letzten Mal in umfassender Weise seine Idee zur Dreigliederung des sozialen Organismus.

Dieser sog. „Nationalökonomische Kurs" ist ein Gedankenkunstwerk. Will man in dieses Kunstwerk eintauchen, so darf man nicht bei den bloßen Gedankeninhalten stehenbleiben. Vielmehr sind diese Inhalte vergleichbar mit den Farben, die der Künstler bei der Gestaltung eines Bildes einsetzt. Erst wenn ich ein Verständnis für die Komposition der Farben entwickele, bekomme ich einen tieferen Zugang zu dem Bild. Ebenso bekommt einen tieferen Zugang zu den Gedankeninhalten Rudolf Steiners, wer sich aktiv mit deren Komposition auseinandersetzt.

Rudolf Steiner selbst hob am Ende des Kurses hervor, dass das Wichtigste sei, das diejenigen, die sich mit diesen Gedankeninhalten beschäftigen, *„darauf kommen, wie die Bildbegriffe, die hier entwickelt worden sind, eben im Verhältnis zu dem, was sonst entwickelt wird, ein Lebendiges darstellen."*

In der Artikelserie werden die Gedanken, die Rudolf Steiner 1922 entwickelte, mit den Geschehnissen der Gegenwart verbunden. Der Leser bekommt somit durch das Sonderheft einen Zugang zu den aktuellen Fragen der Zeit.

In dem Sonderheft sind die Aufsätze zusammengefasst, die in ***die Drei*** in dem Zeitraum von 2011- 2014 erschienen sind. Sie widmen sich den ersten sieben Vorträge des Nationalökonomischen Kurses. Im April 2015 beginnt in ***die Drei*** eine Serie zu den Vorträgen 8 bis 14.

Bestellmöglichkeiten über
www.diedrei.org

E-Mail: leserservice@diedrei.org
Post: mercurial Publikationsgesellschaft.
Alt-Niederursel 45, 60439 Frankfurt

Telefon: 069-95776122
Fax: 069-58 23 58

Seminare zu diesem Thema können bei Interesse mit dem Autor vereinbart werden!

Stephan Eisenhut
Telefon: 069-58 23 01,
E-Mail: eisenhut@diedrei.org

Kontakt

Das Institut für soziale Dreigliederung wirkt für die Erforschung, Verbreitung und Förderung des Sozialimpulses Rudolf Steiners. Auf dreigliederung.de stellen wir zudem sämtliche Grundwerke, aktuelle Essays und Informationen über Dreigliederungs-Initiativen kostenlos zur Verfügung.

Wenn Sie Fragen haben oder nach Wegen der praktischen Mitwirkung suchen, freuen wir uns über Ihre Nachricht. Gerne kommen wir auch mit Ihnen ins persönliche Gespräch, in Ihrer Einrichtung oder in unserem Berliner Büro.

Sylvain Coiplet
Institut für soziale Dreigliederung
Liegnitzer Strasse 15
D-10999 Berlin

030-6807968943
institut@dreigliederung.de
www.dreigliederung.de